GOLDMANN
Lesen erleben

Oft geben uns die gewöhnlichsten Alltagsdinge die größten Rätsel auf. Kaum jemand kann sich schließlich erklären, warum in der Waschmaschine so oft Socken verschwinden und vor allem – wohin. Wer hat sich eigentlich noch nicht darüber gewundert, dass der Februar so wenige Tage hat und dass der rote Teppich rot ist? Die von Natur aus wissbegierige SAT.1- und Radiomoderatorin Simone Panteleit gibt sich nicht nur mit den Fragen zufrieden. Täglich stellt sie in ihrer erfolgreichen Sendung »Warum? Darum!« im Berliner Rundfunk 91.4 solche Alltagsphänomene vor und gibt endlich Antwort darauf, warum es zum Beispiel keine blauen Gummibärchen gibt und Störche auf einem Bein stehen, warum der Flug nach New York länger dauert als der zurück und warum die Taxis in Deutschland immer beige, in New York aber gelb sind. Hier hat sie 300 ihrer originellsten, lustigsten, spannendsten und überraschendsten Fragen und Antworten zusammengestellt. Endlich muss man sich nicht mehr nur mit einem »Stimmt, warum ist das eigentlich so?« zufriedengeben, sondern bekommt eine gut recherchierte und unterhaltsame Auflösung dazu, die einen wirklich interessiert.

Autorin

Simone Panteleit wusste schon als Vierjährige, dass sie Moderatorin werden wollte. Seit 15 Jahren ist sie bei diversen Berliner Rundfunksendern als Redakteurin, Chefmoderatorin und Morning-Show-Moderatorin tätig. Seit 2008 kann man sie im SAT.1-Frühstücksfernsehen auch sehen. Im November 2010 ging ihre Rubrik »Warum? Darum!« beim Berliner Rundfunk 91.4 täglich auf Sendung.

Simone Panteleit

Warum Socken immer verschwinden und wohin

300 spannende Alltagsfragen
aus der Sendung »Warum? Darum!«

GOLDMANN

Die Ratschläge in diesem Buch wurden von der Autorin und vom Verlag sorgfältig erwogen und geprüft, dennoch kann eine Garantie nicht übernommen werden. Eine Haftung der Autorin bzw. des Verlags und seiner Beauftragten für Personen-, Sach- und Vermögensschäden ist ausgeschlossen.

MIX
Papier aus verantwortungsvollen Quellen
FSC® C014496

Verlagsgruppe Random House FSC-DEU-0100
Das für dieses Buch verwendete FSC®-zertifizierte Papier *Classic 95*
liefert Stora Enso, Finnland.

1. Auflage
Originalausgabe März 2013
Wilhelm Goldmann Verlag, München,
in der Verlagsgruppe Random House GmbH
© 2013 Wilhelm Goldmann Verlag, München,
in der Verlagsgruppe Random House GmbH
Umschlaggestaltung: Uno Werbeagentur, München
Umschlagmotiv: Fine Pic®, München
Redaktion: Dunja Reulein
Satz und Layout: Buch-Werkstatt GmbH, Bad Aibling / Kim Winzen
Druck und Bindung: GGP Media GmbH, Pößneck
CB · Herstellung: IH
Printed in Germany
ISBN 978-3-442-17359-4

www.goldmann-verlag.de

Papili & Mama –
DANKE für ALLES!!

… und Carsten: Edemeu!

INHALT

AUS DER KÜCHE 40

ZU HAUSE UND IN ALLER WELT 198

SILVESTER 210

KURIOSES 219

Anhang 229

Register 233

VORWORT

»Sei nicht so neugierig!«, diesen Satz habe ich als Kind sehr oft gehört. War mir aber egal, ich habe trotzdem immer weiter gefragt, wenn mich etwas interessiert hat. Irgendwann beschloss ich dann: Ich bin gar nicht neugierig, sondern lediglich sehr wissbegierig. Klingt doch gleich viel seriöser und tugendhafter, oder? Aus dieser seriösen Tugend habe ich – und ich danke dem lieben Gott immer noch jeden Tag auf Knien, dass es geklappt hat – meinen Job gemacht.

Seit 1996 kann ich jeden Tag ungeniert Menschen ausfragen und werde auch noch dafür bezahlt.

Ab dem Jahr 2006 bekam ich dann plötzlich selbst Löcher in den Bauch gefragt, von meiner damals vierjährigen Tochter. Aus dieser Not habe ich erneut eine Tugend gemacht, indem wir die Fragen kurzerhand in meine damalige Vormittagssendung beim Radio hievten und dort täglich beantworteten. Das war, leicht pathetisch gesagt, die Geburtsstunde meiner Sendung »Warum? Darum!«. Ich liebe diese Rubrik, die sich mittlerweile zu einer ganzen Sendung gemausert hat. So ziemlich jede Frage aus dem täglichen Leben findet hier ihren Platz, drei

Dinge vorausgesetzt: Erstens muss sie mit einem »Warum« beginnen. Das ist die leichteste Übung. Zweitens muss die Frage für Erwachsene nicht so einfach zu beantworten sein. Auch wenn man sich die Antwort mit einem bisschen Nachdenken leicht selbst herleiten kann, ist das im Grunde ein Ausschlusskriterium. Drittens sollte die Antwort spannend, informativ und am liebsten überraschend sein. Wenn es in der Antwort selbst noch eine kleine Geschichte zu erzählen gibt, dann ist es ein (für mich) perfektes »Warum? Darum!«. 300 solcher Fragen und Antworten finden Sie in diesem Buch, und ich hoffe sehr, dass sich bei Ihnen schon beim Lesen der Frage der Neugier-Effekt einstellt: »Stimmt, warum ist das eigentlich so?« und Sie anschließend in der Antwort dann etwas erfahren, das Sie vorher so noch nicht wussten.

Im Anhang finden Sie eine lange Liste mit vielen Buchtiteln und noch mehr Adressen von Internetseiten, aus denen ich viele tolle Anregungen für die »Warums« und wichtige Fakten für die »Darums« gezogen habe. Jede dieser Quellen war für meine Recherche extrem wertvoll, schließlich bin ich keine Wissenschaftlerin, die alle Fragen nach ausgeklügelten Experimenten und jahrelangen Studien selbst beantworten kann, sondern eine Journalistin, die Fakten zusammenträgt und so aufbereitet, dass sie für Sie spannend und möglichst leicht verständlich sind. Ob es mir gelungen ist, müssen Sie beim Lesen selbst entscheiden. Viel Spaß dabei!

Ihre
Simone Panteleit

KALENDER

Wenn man wie ich am 29. Februar Geburtstag hat, beschäftigt man sich wahrscheinlich automatisch häufiger mit dem Kalender als andere Menschen. Schließlich bekommt man in drei von vier Jahren zu hören, dass man in diesem Jahr ja gar nicht feiern darf, man wird gefragt, warum es eigentlich Schaltjahre gibt, und man muss ausdiskutieren, warum man (wie ich) am 28. Februar feiert und nicht am 1. März. (Das nur nebenbei: Dieses angebliche »Vorfeiern« hat mir noch nie Unglück gebracht …) Aber der Kalender hat natürlich noch viel mehr spannende Fragen zu bieten: Warum haben Juli und August eigentlich jeweils 31 Tage, obwohl diese Monate doch direkt aufeinanderfolgen? Warum heißt der April »April«? Warum hat der Februar selbst in Schaltjahren nur so wenige Tage? Die Antworten darauf finden Sie in diesem Kapitel.

Warum gibt es Schaltjahre?

Das mit den Schaltjahren ist eine ganz schön komplizierte Angelegenheit. Denn es gibt nicht einfach alle vier Jahre einen 29. Februar! Jahre, die sich durch 100 teilen lassen, wie zum Beispiel das Jahr 1700, sind keine Schaltjahre, obwohl sie ja auch durch vier teilbar sind. Jahre, die sich durch 400 teilen lassen (wie das Jahr 2000), sind wiederum Schaltjahre, das ist quasi die Ausnahme von der Ausnahme. Dass man überhaupt solche Jahre mit einem zusätzlichen Tag braucht, hat astronomische Gründe. Die Zeit, die die Erde braucht, um einmal die Sonne zu umrunden, wurde als ein Jahr definiert. Die Zeit, in der sich die Erde einmal um sich selbst dreht, als ein Tag. Nun hat sich das der Mensch zwar so ausgedacht, nur leider hält sich die Natur nicht ganz an dieses Timing. Denn tatsächlich braucht die Erde für einen Umlauf um die Sonne nicht 365, sondern 365,2424 Tage. Das sind knapp sechs Stunden mehr als »erlaubt«. Würde man keine zusätzlichen Tage »schalten« und diese fünf Stunden, 49 Minuten und drei Sekunden ignorieren, würden wir irgendwann Weihnachten im Hochsommer feiern, weil sich die Jahreszeiten durch den beschriebenen Zeitüberhang immer weiter verschieben würden.

Warum schickt man sich »in den April«?

Wie so oft bei uralten Bräuchen gibt es nicht nur eine Begründung, sondern viele, viele Theorien. Die einen glauben zum Beispiel, dass Aprilscherze bis auf den Augsburger Reichstag von 1530 zurückgehen. Dort sollte unter anderem das Münzwesen geregelt werden. Weil man aus Zeitgründen nicht dazu kam, wurde für den 1. April ein besonderer »Münztag« ausgeschrieben. Aber auch dieser fiel ins Wasser, und viele Spekulanten, die auf diesen Münztag gesetzt hatten, verloren ihr Geld und wurden auch noch ausgelacht. Andere Texte besagen, dass der 1. April früher als der Tag angesehen wurde, an dem der gefallene Engel Luzifer in die Hölle einzog, und dass er deshalb als ein Unglückstag galt, an dem man sich besonders vorsehen müsse. Wieder andere machen einfach das wechselhafte, trügerische Aprilwetter dafür verantwortlich. Am wahrscheinlichsten ist aber folgende Theorie: Da der 1. April wie zum Beispiel auch »Freitag, der 13.« bereits in der Antike als Unglückstag galt, wird vermutet, dass man mit irgendwelchen erfundenen Geschichten das Schicksal austricksen wollte. Denn wenn das quasi »hörte«, dass bereits etwas Unglaubliches passiert war, verschonte es einen hoffentlich mit weiteren solcher Ereignisse.

Warum haben die Monate Juli und August eigentlich jeweils 31 Tage?

Das verdanken wir einem ziemlich eitlen Fatzke, wenn ich das so salopp formulieren darf, und zwar Kaiser Augustus, seines Zeichens von 31 v. Chr. an Alleinherrscher des Römischen Reiches. Richtig, das war der Kerl aus der Weihnachtsgeschichte im Lukas-Evangelium, der sich die Sache mit der Volkszählung ausgedacht hat, weshalb Josef und die schwangere Maria den weiten Weg von Nazareth nach Bethlehem auf sich nehmen mussten. Diesem Kaiser Augustus zu Ehren wurde im Jahre acht v. Chr. der damalige Monat »Sextilis« in »Augustus« umbenannt. Nun kommen wir zur eigentlichen Antwort auf die Frage: Augustus war der Großneffe seines Vorgängers Julius Cäsar, der wiederum Namensgeber des Vormonats Juli war.

Augustus ärgerte sich darüber, dass der Monat seines Groß-
onkels einen Tag mehr hatte als sein eigener, und so klaute er
dem Februar einen Tag und hängte ihn an den August dran.
Damit hatte auch dieser Monat 31 Tage, und Augustus' Ego
war befriedigt. Ich sage es doch: Ein ganz schön eitler Fatzke …

Warum heißt der Altweibersommer »Altweibersommer«?

Das Landgericht Darmstadt hat 1989 festgestellt, dass die Verwendung des Wortes »Altweibersommer« durch Radio, Fernsehen und Zeitungen keinen Eingriff in die Persönlichkeitsrech-
te von älteren Damen darstellt. Denn: Diese Bezeichnung hat
ursprünglich gar nichts mit in die Jahre gekommenen Damen
zu tun. Das »Weiber« in »Altweibersommer« geht nämlich zurück auf das Wort »weben«, das früher »weiben« genannt wurde. Gemeint waren damit Spinnweben, die man an schönen
Herbsttagen im neblig-dunstigen Sonnenaufgang wegen der
dort gesammelten Tautropfen besonders gut sehen kann.

Warum dreht sich die Erde zum Winter hin schneller um sich selbst?

Es klingt wie ein Witz, ist für uns Menschen auch nicht zu
spüren, aber Wissenschaftler konnten dieses Phänomen mit
einem speziellen Ringlaser tatsächlich nachweisen: Wenn auf
der Nordhalbkugel im Herbst die Blätter von den Bäumen fallen, nimmt die Erde an »Fahrt« auf und dreht sich im Winter
um eine Tausendstelsekunde pro Tag schneller um sich selbst.
Physiker erklären das mit dem sogenannten Drehimpulserhal-

tungssatz. Der ist furchtbar kompliziert, lässt sich aber gut anhand eines Eiskunstläufers erklären, der eine Pirouette macht. Dabei dreht er sich bekanntlich sehr schnell. Noch schneller wird die Drehung aber, wenn er die Arme an seine Drehachse, nämlich seinen Körper, heranzieht. Genauso rotiert auch die Erde schneller, wenn es auf der Nordhalbkugel Herbst wird und dort die Blätter von den Bäumen fallen. Der Herbst auf der Südhalbkugel fällt deshalb nicht ins Gewicht, weil es dort weniger Landmasse als bei uns gibt, und damit auch weniger Grünzeug, das seine Blätter verlieren kann.

Warum beginnt die Karnevalszeit am 11.11. um 11 Uhr 11?

Warum sich ausgerechnet die Zahl Elf als Zahlensymbol für den Karneval durchgesetzt hat, ist bis heute nicht eindeutig bewiesen, es gibt aber mehrere Theorien. Einige Wissenschaftler sind der Meinung, dass die Zahl Elf mit den Anfangsbuchstaben des Mottos der Französischen Revolution zu tun habe. Das Motto lautete ja »Egalité, Liberté, Fraternité«, und die jeweils ersten Buchstaben ergeben zusammen eben das Wort ELF. Andere glauben, dass die Zahl auf den Narrenspruch »Ey lustig fröhlich« zurückgeht, der 1381 zum ersten Mal auf einem Siegel aufgetaucht ist. Auch hier ergeben die Anfangsbuchstaben des Spruchs ELF. Der Brauch, die Karnevalssaison im November einzuläuten, hat seine Wurzeln in der griechischen, römischen und auch germanischen Tradition. Im November wurde der Götter gedacht, die für die Gaben des Herbstes verantwortlich waren, wie zum Beispiel den Wein. Da der beim närrischen Treiben auch eine nicht unwesentliche Rolle spielt, lag es nahe, den Karnevalsauftakt in den November zu legen.

Warum hat der Februar
so wenige Tage?

Seit 153 v. Chr. ist der Februar der zweite Monat des Jahres, der Jahresbeginn wurde vom März auf den Januar vorverlegt. Das heißt im Umkehrschluss: Davor war der Februar der letzte Monat des Jahres. Das erklärt, warum er im Vergleich zu den anderen Monaten so wenige Tage hat: Es blieben einfach nicht mehr übrig, nachdem die meisten Tage des Jahres schon auf die anderen elf Monate (inklusive des »verlängerten« Augusts) verteilt worden waren. Deshalb lag es auch nahe, den Schaltjahrestag ausgerechnet an den Februar anzuhängen: Er war damit lange Zeit der letzte Tag des Jahres.

Warum haben die Maya geglaubt,
dass 2012 die Welt untergeht?

Haben sie gar nicht. Das ist ein weitverbreiteter Aberglaube, den pessimistische Esoteriker in die Welt gesetzt haben. Die Maya benutzten drei verschiedene Kalender: einen für rituelle Zwecke, einen für den Alltagsgebrauch und einen Langzeitkalender. Vermutlich war der »Nullpunkt« dieses Langzeitkalenders, also der Beginn ihrer Zeitrechnung, der 11. August 3114 v. Chr. Wenn die Berechnungen der Wissenschaftler stimmen, endet der Langzeitkalender der Maya am 21. Dezember 2012. Die Maya haben nach Überzeugung der Forscher damit aber nicht den Weltuntergang in Verbindung gebracht. Für sie hätte dann einfach eine neue Epoche begonnen, ähnlich wie bei uns in der Nacht vom 31.12.1999, als sich um Mitternacht alle Stellen des Kalenders geändert haben.

Warum ist »Freitag, der 13.« angeblich ein Unglückstag?

Zunächst einmal: Es ist erwiesen, dass gerade an Freitagen, die auf einen 13. fallen, besonders wenig passiert, zumindest auf den Straßen. Der ADAC hat 2009 die Unfallstatistik genau daraufhin untersucht und festgestellt, dass es an diesen Tagen deutlich weniger krachte als an anderen Tagen. Aber warum haben gerade diese Freitage dann so einen schlechten Ruf? Früher glaubte man, dass Adam und Eva an einem Freitag die verbotene Frucht vom »Baum der Erkenntnis« gegessen hätten. Außerdem wurde Jesus an einem Freitag (Karfreitag) gekreuzigt. Somit war dieser Wochentag für die meisten Christen schon mal negativ belegt. Die 13 wiederum galt lange als das »Dutzend des Teufels«. Auch deshalb, weil beim letzten Abendmahl 13 Personen anwesend waren: Jesus und seine zwölf Jünger. Der 13. war Judas, der Jesus später verriet. Da diese beiden Aberglauben an einem Tag zusammenkommen, nahm man früher wie heute an, dass am Freitag, dem 13., besonders viele Unglücke passieren. Das glauben selbst Menschen, die sonst ohne Angst auf dem Sitz mit der Nummer 13 im Flugzeug sitzen, im Hotel das Zimmer mit der Nummer 13 beziehen und auch sonst keine Probleme mit dem Freitag haben. Übrigens: In anderen Religionen wie dem Judentum und in anderen Ländern wie zum Beispiel Japan ist die 13 sogar eine Glückszahl!

Warum heißt der Januar »Januar«?

Der erste Monat des Gregorianischen Kalenders ist nach dem römischen Gott Janus benannt, dem Gott des Anfangs und des Endes. Er hat laut der Sage einen Kopf mit zwei Gesichtern: Eines blickt zurück auf das alte Jahr, das andere auf das neue. Bevor bei uns der Name Januar übernommen wurde, hieß dieser Monat Hartung, Eismonat oder auch Schneemonat. Weil in dieser Zeit Wölfe ihre Paarungszeit haben, die sogenannte Ranzzeit, und leichter zu jagen sind als sonst, wurde der Januar in Osteuropa auch »Wolfsmonat« genannt.

Warum heißt der Februar »Februar«?

Im alten Rom gab es in diesem Monat ein Fest, das »Februa« genannt wurde. Das lateinische Wort »februāre« bedeutet »reinigen« und nimmt Bezug auf die speziellen Riten, die anlässlich dieses Festes zur Sühne und Reinigung durchgeführt wurden. In unseren Breitengraden wurde der Monat bis ins 15. Jahrhundert nur »Hornung« genannt. Das wiederum kommt daher, weil der Rothirsch in dieser Zeit sein Geweih – auch »Gehörn« genannt – abwirft und sich dann ein neues wachsen lässt. Andere Namen für den heutigen zweiten Monat des Jahres (ursprünglich war der Februar der letzte Monat des Jahres!) waren Schmelzmond, Sporkel oder Spörkel, Taumonat oder Taumond sowie Narrenmond.

Warum heißt der März »März«?

Das ist relativ einfach erklärt: In diesem Monat beginnt der Frühling, alles grünt und blüht langsam auf, die Erde erwacht zu neuem Leben, und deshalb wurde dieser Monat im alten Rom nach Martius (Mars) benannt, der nicht nur der Gott des Krieges, sondern auch der Fruchtbarkeit war. Hierzulande sagte man lange Zeit Frühlingsmonat, Märzen, Lenzing, Lenzmond oder auch Lenzmonat.

Warum heißt der April »April«?

Ein schwieriger Fall, der April. Ich habe gleich vier unterschiedliche Theorien gefunden, woher dieser Monat seinen Namen haben könnte. Die eine bezieht sich auf die Tatsache, dass der März früher, vor der Kalenderreform 153 v. Chr., der erste Monat des Jahres war. Der April war somit der »zweite folgende Monat«, auf Lateinisch: »mensis aprilis«. Andere vermuten, dass das lateinische Wort »aperire« bei der Namenswahl Pate gestanden hat. »Aperire« bedeutet »öffnen« und könnte die sich öffnenden Blüten und Knospen im Frühling meinen. Variante Nummer drei besagt, dass der April seinen Namen von »apricus« hat, was »sonnig« bedeutet. Bei Möglichkeit Nummer vier geht der Name zurück auf Aphrodite, die Göttin der Liebe, der Schönheit und der sinnlichen Begierde. Ihr zu Ehren soll der Monat »ap(h)rilis« genannt worden sein. Wenn Sie mich fragen: Das klingt alles sehr plausibel, und ich habe keine Ahnung, was stimmt. Was ich aber weiß, ist, wie dieser Monat hier bei uns früher genannt wurde, nämlich: Wandelmonat, Grasmond, Launing oder auch Ostermond, weil Ostern meistens in diesen Monat fällt.

Warum heißt der Mai »Mai«?

Das ist eigentlich ganz einfach und dann auch wiederum nicht. Denn bei den altrömischen Göttern soll mal einer durchblicken … In einer Quelle habe ich folgenden Satz gefunden: »Das Wort kommt aus dem Lateinischen und bezieht sich auf den Frühlingsgott Jupiter Maius. Hinter dieser römischen Gottheit steckt aber eine vorrömische Frühlingsgöttin namens Maya, die Göttin der Magie.«[1] In einem anderen, nicht weniger seriös wirkenden Internettext wird erklärt: »Maius galt als Beschützer des Wachstums und bildete die sinnverwandte, maskuline Form der ›Großen Göttin‹ Maia, welche die Mutter Erde symbolisierte.«[2] Ich sag es Ihnen ganz ehrlich, auch nach der Lektüre von weiteren gefühlten hundert Texten dazu hat sich mir die Beziehung zwischen Maius und Maja nicht final erschlossen. Aber Fakt ist: Irgendwie standen beide Pate für diesen Monat.

Übrigens: Die für den Mai heute noch gerne verwendete Bezeichnung »Wonnemonat« hat eigentlich gar nichts mit »Wonne« zu tun. Sie leitet sich aus dem althochdeutschen Wort »Wunnimanot« ab. Richtig übersetzt wäre das der »Weidemonat«, was auch einen Sinn ergibt, weil in diesem Monat das Vieh wieder auf die Weide getrieben werden konnte. Andere Bezeichnungen waren »Blumenmonat« und »Marienmond«.

Warum heißt der Juni »Juni«?

Dieser Monat verdankt seinen Namen der römischen Göttin Juno. Sie war als Schutzpatronin in Sachen Frauen, Geburt und Ehe unterwegs, oder um es mit Altkanzler Gerhard Schröder zu sagen: Sie war zuständig für das Ressort »Gedöns«. Der Sage nach war sie mit Jupiter verheiratet und die Beschützerin von Rom. Die altdeutschen Namen für den Juni waren Rosenmond oder Rosenmonat (weil in dieser Zeit häufig die Rosen aufblühen) sowie Brachet, Brachmond oder Brachmonat. Diese Bezeichnung geht zurück auf den landwirtschaftlichen Brauch, erst Wintergetreide anzubauen, im Folgejahr Sommergetreide, und anschließend den Boden ein Jahr »brach« liegen zu lassen, damit er sich erholen konnte. Wieder neu wurde er nach diesem »Brach«-Jahr üblicherweise im Monat »Brachet« = Juni bearbeitet.

Warum heißt der Juli »Juli«?

»Fällt kein Tau im Julius, Regen man erwarten muss« oder auch »Bei Donner man im Julius viel Regen noch erwarten muss«: Diese Bauernregeln geben schon einen kleinen Hinweis darauf, nach wem der Juli benannt wurde. Namenspatron war niemand Geringeres als Julius Caesar, nicht nur aus »Asterix und Obelix« und durch viele berühmte Zitate bekannt, sondern zum Beispiel auch, weil er im Jahr 46 v. Chr. die Julianische Kalenderreform durchführte. Bevor man hier bei uns die Bezeichnung »Juli« übernahm, hieß der Monat Bären- oder Honigmonat sowie Heuet, Heuert oder Heumonat. Das kommt daher, Sie ahnen es sicherlich schon, weil in dieser Zeit das Heu gemäht wurde.

Warum heißt der August »August«?

So wie der Monat Juli hat auch der August seinen Namen nicht von einer römischen Gottheit, sondern von dem römischen Kaiser Augustus, der von 27 v. bis 14 n. Chr. regierte und just in diesem Monat sein erstes Konsulat angetreten hatte. Ihm zu Ehren wurde der »Sextilis« im Jahr acht v. Chr. in »Augustus« (deutsch: August) umbenannt. Der Vollständigkeit halber seien auch hier die altdeutschen Namen genannt: Früher sagte man Erntemonat, Ernting, Ährenmonat oder auch Sichelmonat.

Warum heißt der September »September«?

Das lateinische Wort »septem« bedeutet »sieben« und erklärt sich dadurch, dass das Jahr früher mit dem Monat März begann; somit war der September der siebte Monat. Es gab Bestrebungen, dem September einen etwas spannenderen Namen zu verpassen. Im Jahr 86 n. Chr., in der Regierungszeit des römischen Kaisers Domitian, wurde der Monat in »Germanicus« umgetauft. »Germanicus« war Domitians Beiname, weil er bei seinem Expansionsfeldzug gegen einen germanischen Volksstamm (der im heutigen Hessen siedelte) erfolgreich gewesen war. Der Name »Germanicus« hat sich aber nicht durchsetzen können, stattdessen blieb es bei »September«. Hierzulande sagte man lange Zeit Scheiding, Herbstmond, Herbsting, Holzmonat oder auch Engelmonat.

Warum heißt der Oktober »Oktober«?

Es klingt erst mal nicht so spannend: Der Oktober heißt so, weil das lateinische Wort »octo« acht bedeutet und dieser Monat bis zur Kalenderreform 153 v. Chr. der achte Monat des Jahres war. Spannend ist aber die Geschichte hinter der Geschichte: Von 81 bis 96 n. Chr. regierte der römische Kaiser Domitian, der den römischen Beinamen »Germanicus« trug. Ihm zu Ehren wurde im Jahr 86 der September in »Germanicus« und der Oktober in »Domitianus« umbenannt. Durchsetzen konnte sich keiner der neuen Namen. Andere, altdeutsche Bezeichnungen für den Oktober sind Weinmonat, Gilbhart (weil die Blätter in dieser Zeit ver*gilben*), Rosenkranzmonat oder auch Dachsmond.

Warum heißt der November »November«?

Für diesen Monat hat keine römische Gottheit und auch kein Kaiser namenstechnisch Pate gestanden. Der November heißt so, weil das lateinische Wort »novem« neun bedeutet und dieser Monat bis zum Jahr 153 v. Chr. der neunte des Jahres war. Nach der Kalenderreform stimmte das zwar nicht mehr, den Namen behielt man aber trotzdem bei. Bis sich dieser auch bei uns durchsetzte, sagte man zum November Nebelung, Windmond, Windmonat, Wintermonat oder auch Schlachtmond.

Warum heißt der Dezember »Dezember«?

Wenn Sie in der Schule Latein hatten und davon noch ein bisschen was hängen geblieben ist, dann wissen Sie, dass »decem« zehn bedeutet. Wie auch bei den Monaten September,

Oktober und November gibt die Zahl im Monatsnamen einen Hinweis darauf, an welcher Stelle er im Römischen Kalender stand. Er war der zehnte des Jahres. Als der Jahresbeginn im Jahr 153 v. Chr. um zwei Monate vorverlegt und der Dezember somit zum zwölften Monat wurde, behielt man den Namen trotzdem bei. Bei uns hieß der Dezember ursprünglich »Julmond«, weil in diesem Monat das germanische Wintersonnenwendefest, das »Julfest«, gefeiert wurde. Nach der Christianisierung wurde der »Julmond« umbenannt in »Christmonat« (wegen der Geburt Jesu, des Christfestes) oder auch »Heilmond« (weil Jesus das Heil bringt). Weitere Bezeichnungen waren »Heiligenmonat« und »Dustermond«.

Warum heißt der Kalender »Kalender«?

Dieser Begriff stammt ab vom lateinischen Wort »calendae«, womit im alten Rom immer der erste Tag eines Monats bezeichnet wurde. Dieser Stichtag war für Geldgeschäfte von großer Bedeutung, an ihm konnte man Kredite aufnehmen, musste sie zurückzahlen oder es wurden Zinsen fällig. Ein Verzeichnis der »calendae« nannte man »calendarium«, was übersetzt »Schuldbuch« heißt. Die Bedeutung wandelte sich im Lauf der Zeit und löste unser veraltetes Wort »Jahrweiser« ab.

Warum wird am 14. Februar der »Valentinstag« gefeiert?

Der 14. Februar verdankt seinen besonderen Namen und die dazugehörige Bedeutung höchstwahrscheinlich Bischof Valentin, der im dritten Jahrhundert n. Chr. in der italienischen

Stadt Terni lebte. Angeblich traute er viele Brautpaare, darunter auch solche, die nach kaiserlichem Befehl eigentlich gar nicht hätten heiraten dürfen. Am 14. Februar 269 n. Chr. wurde Valentin auf Befehl von Kaiser Claudius II. wegen seines christlichen Glaubens enthauptet. Da er, wie gesagt, so ein großes Herz für alle Liebenden hatte und die von ihm geschlossenen Ehen besonders glücklich gewesen sein sollen, gilt sein Todestag weltweit als Tag aller Verliebten.

AUS DER KÜCHE

Mein Kollege Jan Hahn hat mir im Frühstücksfernsehen vor laufender Kamera den Titel »moderierende Hausfrau« verpasst. Wenig schmeichelhaft, meinen Sie? Ich finde es sehr lustig, und nebenbei bemerkt ist da auch was Wahres dran. Denn neben meinem großartigen Job liebe ich es zu kochen, zu braten und zu backen. Das verdanke ich meinen Eltern, die mir zu meinem siebten Geburtstag einen elektrischen Kinderkochherd geschenkt haben und im Jahr darauf dann einen Kochkurs. Ich mache das also schon eine ganze Weile, und wenn man meiner Familie und meinen Freunden glauben darf, auch ganz ordentlich. In diesem Kapitel räumen wir mit einigen Kochmythen auf, und Sie bekommen vielleicht den einen oder anderen Küchentrick verraten.

Warum soll man bei Vergiftungen Milch trinken?

Das ist zwar ein altes Hausmittel, Sie sollten im Ernstfall aber auf Omas Rat pfeifen und auf gar keinen Fall Milch trinken! Tatsächlich ist es absolut sinnvoll, bei Vergiftungen viel Flüssigkeit zu sich zu nehmen, damit die verschluckten Stoffe im Körper verdünnt werden. Auch kann Milch mitunter einige Säuren und Laugen neutralisieren. Milch ist aber aus folgenden Gründen das absolut falsche Mittel bei Vergiftungen: Erstens steigert sie die Aufnahme mancher Giftstoffe im Magen-Darm-Trakt sogar, womit das Gift noch schneller ins Blut gelangen kann. Zweitens verklumpt das Milcheiweiß im Verdauungstrakt. Diese Klumpen sind für den Arzt bei der Magenspiegelung extrem hinderlich, weil er mögliche Schäden, wie zum Beispiel Verätzungen, nicht optimal sehen kann. Deshalb im Notfall also die Milch im Kühlschrank lassen, viel Leitungswasser trinken und die Giftnotrufzentrale oder gleich die Feuerwehr anrufen.

Warum soll man nach dem Kirschenessen kein Wasser trinken?

Ein typischer Oma-Ratschlag, den Sie als Kind bestimmt auch mit auf den Weg bekommen haben. Tatsächlich ist nichts dran an der Binsenweisheit, dass die Kombination aus Kirschen und Wasser Bauchweh verursacht. Oder haben Sie schon mal von Menschen gehört, die nach dem gleichzeitigen Verzehr von Kirschen und Wasser vor lauter Schmerzen ins Krankenhaus gebracht werden mussten? Es gibt aber immerhin einen Erklärungsansatz, wie es zu diesem Gerücht gekommen sein könnte: Auf der Schale von Kleinobst wie Kirschen sitzen unter anderem Hefepilze, die den Fruchtzucker zu Alkohol vergären und dabei Kohlendioxid und im weiteren Verlauf Blähungen verursachen (können). Im Normalfall hätten die Hefepilze wegen der Magensäure keine Chance, diesen Prozess in Gang zu setzen. Wenn man nun aber viel Wasser trinkt, würde theoretisch die Säure verdünnt, und die Hefepilze könnten aktiv werden. Es gibt allerdings zwei gute Gründe, warum auch das wahrscheinlich nicht zu schlimmen Bauchschmerzen führen würde: Erstens ist unser Magen im Umgang mit solchen Mikroorganismen wie Hefepilzen bestens geübt, schließlich essen wir normalerweise auch sonst mehrmals täglich keineswegs sterile Nahrungsmittel. Zweitens dauert die erwähnte Vergärung von Fruchtzucker zu Alkohol relativ lange, auf jeden Fall länger, als die Kirschen überhaupt im Magen bleiben.[3]

Warum flockt manchmal noch gute Milch im Kaffee aus?

Das haben Sie bestimmt schon mal erlebt: Während der Kaffee gerade durchläuft, gehen Sie zum Kühlschrank, schnuppern an der Milchtüte oder probieren sogar einen Schluck, befinden sie für »noch frisch«, und wenn Sie sie dann in den Kaffee schütten, gibt es auf einmal fiese Flocken. Nichts ist es mit dem leckeren Morgenkaffee, Sie können das Ganze gleich wieder wegkippen. Der Grund dafür ist relativ einfach: Kaffee enthält Säure und ist zudem sehr heiß, wenn man ihn gerade aufgebrüht hat. Wenn die Milch nun zwar noch genießbar, aber nicht mehr ganz taufrisch ist, kann der heiße, leicht saure Kaffee dafür sorgen, dass sich die Eiweißketten der Milch zusammenknäulen und verklumpen. Noch schlimmer wird es übrigens, wenn Sie keinen frischen Kaffee nehmen, sondern solchen, der schon eine Weile auf der Wärmeplatte gestanden hat. Durch das Vor-sich-hin-Köcheln sinkt der pH-Wert nämlich enorm, der Kaffee wird extrem sauer und bringt die Milch zum Ausflocken.

Warum kann man sich an Suppe leichter den Mund verbrennen als an Kaffee?

Meine drei großen Kinder lieben Buchstabensuppe. Aber regelmäßig gibt es Tränen, weil sie nicht ordentlich pusten und sich dann an der heißen Suppe die Schnute verbrennen. Schuld daran sind die »Fettaugen«, die auf der Suppe schwimmen. Fett hat einen deutlich höheren Siedepunkt als Wasser. Das verdampft bekanntlich bei 100 °C, Fett dagegen erst bei etwa 150 °C. Deshalb ist die Fettschicht beim Essen der Suppe auch noch sehr heiß, und man kann sich daran ratzfatz den Mund verbrennen.

Warum kann man durch das Einhängen eines Löffels Sekt länger frisch halten?

Das funktioniert nur, und dann leider auch nur bedingt, wenn Sie dazu einen Löffel aus Silber oder Gold benutzen und die angebrochene Flasche ganz schnell wieder kalt stellen. Gold und Silber haben nämlich eine hohe Wärmeleitfähigkeit und sorgen so dafür, dass die Kühlschrankkälte zügig in die Flasche zieht. Wenn Sekt oder Champagner kalt ist, kann das darin enthaltene Kohlendioxid nicht so schnell entweichen, und somit wird das Getränk auch nicht so schnell schal. Übrigens:

Weitaus besser als der Silberlöffel wirkt ein Sektflaschenverschluss, der die Flasche dicht abschließt, sodass es auch am darauffolgenden Tag noch ordentlich prickelt.

Warum gibt es keine blauen Gummibärchen?

In einer normalen Tüte Goldbären finden Sie folgendes Mischungsverhältnis vor: Ein Drittel rote sowie jeweils ein Sechstel gelbe, weiße, grüne und orange Gummibärchen, aber nicht ein einziges blaues. Das liegt daran, dass den Gummitieren keine künstlichen Farbstoffe zugeführt werden, sondern sie ihre Farbe ausschließlich Auszügen aus Früchten und Pflanzen verdanken. Eine blaue Färbung wäre auf diesem rein biologischen Weg nicht möglich. Selbst Blaubeeren würden die Gummibärchen nur lila färben.

Ich mag übrigens die orangen am liebsten und die weißen überhaupt gar nicht. Und Sie?

Warum kocht Milch über?

Milch ist ein Gemisch aus Wasser, Fett und Eiweiß, und diese Bestandteile verhalten sich beim Erhitzen unterschiedlich. Bereits bei 74 °C flocken die Eiweiße aus und steigen nach oben. Dort kommen sie in Kontakt mit der Luft, werden fest und bilden eine Haut. Wenn die Milch von unten weiter erhitzt wird und schließlich bei 100 °C kocht, verdampft nach und nach der in der Milch enthaltene Wasseranteil. Der Dampf kann aber nicht entweichen, weil die Eiweißhaut oben auf der Milch schwimmt! So verbindet sich der Wasserdampf mit der Haut, es entstehen Blasen, und je mehr das Ganze kocht, das heißt, je mehr Wasserdampf nach oben steigt, desto mehr Blasen bilden sich auch, es schäumt immer heftiger, und schließlich kocht die Milch über.

Warum wird Zucker nicht schlecht?

Wenn Sie sich mal eine Packung Zucker in Ihrem Vorratsschrank genau angucken, dann werden Sie feststellen, dass da kein Mindesthaltbarkeitsdatum draufsteht. Zucker kann tatsächlich nicht schlecht werden, weil er jedem Bakterium und jedem Schimmelpilz sofort das Wasser entzieht. Ohne Wasser können diese Pilze und Bakterien aber nicht überleben, sie sterben ab und können somit den Zucker auch nicht verderben. Aus diesem Grund verwendet man Zucker – ähnlich wie Salz – auch, um andere Lebensmittel haltbar zu machen. Marmelade zum Beispiel hält sich deshalb so gut, weil sehr viel Zucker drin ist.

Warum soll man Tomaten nicht im Kühlschrank aufbewahren?

Im Kühlschrank, selbst im sogenannten Gemüsefach, verlieren Tomaten ihr Aroma und werden mit der Zeit hart. Der Grund: Tomaten mögen keine Kälte. Ideale Lagerbedingungen sind ein dunkler Ort und 16 °C, dabei kann sich das Aroma optimal entfalten. Noch ein Tipp: Tomaten sollten nicht zusammen mit Salatgurken aufbewahrt werden. Denn Tomaten setzen Ethylen frei, das ist ein natürliches Reifegas, und das lässt die Gurken weich werden. Diesen Ethylen-Effekt können Sie aber auch zu Ihrem Vorteil nutzen, wenn Sie zum Beispiel eine

Kiwi haben, die noch ziemlich hart ist. Dann legen Sie diese einfach neben oder auf ein paar Tomaten, dadurch reift die Kiwi viel schneller, als wenn sie »nur so« herumliegen würde.

Warum kann man Wasser zwar schnell erhitzen, aber nur langsam abkühlen?

Wasser kocht bekanntermaßen bei 100 °C. Um das Wasser auf diese Temperatur zu erhitzen, benutzt man aber nicht genau 100 °C heiße Kochplatten oder Wasserkocher, sondern setzt es tatsächlich deutlich höheren Temperaturen aus. Ihre heimische Kochplatte kann zum Beispiel bis zu 400 °C heiß werden! Somit ist es kein Wunder, dass das Wasser innerhalb kürzester Zeit (im Wasserkocher in ein bis zwei Minuten) auf Siedetemperatur gebracht werden kann. Umgekehrt lässt sich dieser »Trick« leider nicht anwenden. Normale Tiefkühler bringen es auf eine Temperatur von gerade mal minus 18 °C: Viel zu wenig, denn man bräuchte ja Werte um etwa minus 400 °C, um das Wasser so schnell abzukühlen wie es zu erhitzen! Das ist aber ausgeschlossen, da der sogenannte absolute Nullpunkt bei minus 273,15 °C liegt. Kälter geht es einfach nicht. Deswegen dauert es deutlich länger, Wasser abzukühlen, als es zu erhitzen.

Warum heißt Leberkäs »Leberkäs«, obwohl doch weder Leber noch Käse drin ist?

Der Leberkäs wurde Ende des 18. Jahrhunderts in München erfunden, und zwar von einem Metzger aus der Pfalz. Der zog als Haus-, Hof- und Lieblingsmetzger des pfälzischen Kurfürsten Karl Theodor von Mannheim mit nach Bayern, als dieser

1778 den Thron von Kurfürst Max III. erbte. In München erfand der Fleischer dann den Leberkäs, bestehend aus einer Mischung aus fein gehacktem Rind- und Schweinefleisch, ohne Leber. Diese Mischung wurde in Brotformen zu einem Laib gebacken, was den ersten Teil des Namens erklärt; ursprünglich hieß er nämlich »*Laib*kas«. »Kas« oder »Käs«, wie wir heute sagen, hat nichts mit Käse zu tun, sondern bezeichnet im süddeutschen Raum grundsätzlich eine kompakte Masse. Somit heißt »Leberkäs« nichts anderes als »Laib aus einer kompakten Masse«. Übrigens: Bayerischer Leberkäs wird nach wie vor ohne Leber hergestellt, überall sonst muss in »Leberkäs« nach den Leitsätzen für Fleisch und Fleischerzeugnisse im »Deutschen Lebensmittelbuch« auch Leber enthalten sein.

Warum bildet sich auf Tee nach einiger Zeit so ein komischer Film?

Dafür gibt es viele Theorien, wie zum Beispiel die, dass Bakterien aus den Teeblättern durch die Hitze aufsteigen und sich an der Oberfläche des Getränks sammeln. Oder dass es sich bei dem Film um Kalk aus dem Wasser handelt, der sich oben ablagert. Stimmt alles nicht, richtig ist: Das sind Inhaltsstoffe des Tees, die sich miteinander verbinden. Sogenannte Polyphenole sind die natürlichen Farb-, Geschmacks- und Gerbstoffe des Tees, und die reagieren auf den pH-Wert des Wassers, mit dem der Tee aufgebrüht wird. Wenn der pH-Wert bei sieben oder darüber liegt, findet eine Oxidation statt, die Polyphenole vernetzen sich zu Polymeren, und das ergibt den unschönen »Film«. Vermeiden können Sie das, wenn Sie Ihren Tee mit »weichem« Wasser kochen, dazu muss man sein Leitungswasser meist einmal durch einen handelsüblichen Wasserfilter schicken.

Warum sollte man direkt nach den Mahlzeiten besser keinen Kaffee trinken?

Vor allem Menschen, die unter Eisenmangel leiden, sollten vor, zu oder nach den Mahlzeiten keinen Kaffee trinken. Denn das Koffein bewirkt, dass der Körper das im Essen enthaltene Eisen schlechter aufnehmen und verwerten kann. Vor allem gilt das für Eisen aus pflanzlichen Quellen, wie zum Beispiel aus Lauch, Möhren, Äpfeln und Weintrauben. Wenn Sie nicht unter Eisenmangel leiden oder sich nur ganz selten mal nach einem guten Essen einen Espresso gönnen, ist dagegen nichts einzuwenden.

Warum heißt das Eisbein »Eisbein«?

Mein Ding ist es nicht, aber viele Leute lieben dieses Gericht: Sauerkraut und dazu ein ordentliches Stück gepökelter Schweinehaxe. Dieses wird in der Regel *heiß* serviert, deshalb die Frage: Warum nennt es sich dann eigentlich *Eis-* und nicht *Heiß*bein? Angeblich hat man früher im Winter die sehr robusten Schienbeinknochen des Schweins als Schlitten- und Schlittschuhkufen verwendet. Da man dazu Eis und Schnee braucht, ergäbe die Bezeichnung »Eisbein« einen gewissen Sinn. Wahrscheinlicher ist aber ein weiterer Erklärungsansatz: Jäger und Mediziner bezeichneten früher, zwischen 750 und 1050 n. Chr., als man althochdeutsch sprach, das Hüftbein als *»īsbēn«*. Später nannte man dann umgangssprachlich das

Schienbein so. Und dieser Teil vom Schwein kommt eben deshalb als Eisbein auf den Tisch.

Warum soll man Pilze nicht wieder aufwärmen?

Auch so ein Lebensmittelmythos aus Omas Zeiten, der eigentlich etwas überholt ist. Das haben wir einer genialen Erfindung zu verdanken: dem Kühlschrank. Pilze bestehen hauptsächlich aus Eiweiß und Wasser und sind relativ leicht verderblich. Die Eiweiße werden durch Sauerstoff und Bakterien zersetzt, und dabei können in der Tat giftige Abbauprodukte entstehen. Kälte verlangsamt diesen Prozess aber enorm, und deshalb sollte man die Reste seines Pilzgerichts nach dem Essen möglichst schnell in den Kühlschrank stellen. Wenn die Pilze dann innerhalb der nächsten 24 Stunden auf mehr als 70 °C erhitzt und gegessen werden, kann nach Aussage von Lebensmittelexperten nichts passieren. Man darf die Pilze nur nicht längere Zeit bei Zimmertemperatur stehen lassen oder sie warm halten, denn das fördert die Produktion von giftigen Zersetzungsstoffen.

Warum heißt die einfachste aller Pizzen eigentlich Pizza »Margherita«?

Die Pizza verdankt – der Legende nach – ihren Namen Margherita von Savoyen, die von 1851 bis 1926 lebte und Königin von Italien war. Sie soll während ihres Urlaubs in ihrer Sommerresidenz Appetit auf eine *Pizza* bekommen haben. Die königlichen Köche waren damit komplett überfordert, weil die

Pizza als Arme-Leute-Gericht galt. Also wurde nach Raffaele Esposito gerufen, dem besten Pizzabäcker in Neapel. Zu Ehren des Königshauses buk er eine Pizza in den italienischen Nationalfarben mit Tomaten, Mozzarella und Basilikum und nannte sie »Pizza Margherita«. Der Königin soll die Pizza übrigens vorzüglich geschmeckt haben!

Warum heult man beim Zwiebelschneiden?

Das ist die Rache der Zwiebel, wenn Sie so wollen. Wenn wir die Zwiebelzellen mit dem Messer verletzen – und das tut man beim Schneiden der Häute –, passiert Folgendes: Die schwefelhaltige Aminosäure aus der äußeren Zellschicht kommt in Kontakt mit dem Enzym Alliinase, das sich im Innern der Zelle befindet. Das Enzym spaltet die Aminosäure in mehrere Teile auf, und dabei entsteht ein Reizstoff, der sich, wenn er in die Augen steigt, mit der Tränenflüssigkeit zu Schwefelsäure verbindet. Gott sei Dank in extrem niedriger Konzentration. Das Gehirn reagiert auf diesen Angriff, indem es die Augen extra viel Tränenflüssigkeit produzieren lässt, damit die Säure schnellstmöglich verdünnt wird.

Warum ist das Eigelb immer in der Mitte des Eies?

Durchschnittlich 214 Eier isst jeder Deutsche pro Jahr, und die werden von circa 35 Millionen Legehennen fleißig »produziert«. Wahrscheinlich haben Sie sich die Frage, warum der Dotter immer in der Mitte des Eies ist, noch nie gestellt, aber spannend ist das schon, oder? Des Rätsels Lösung heißt: Hagelschnüre. Davon gibt es zwei in jedem Ei. Eine Hagelschnur führt vom stumpfen und eine vom spitzen Ende des Eies zum Dotter hin, und beide stabilisieren den Dotter in der Mitte des Eies.

Warum steht auf Mehl ganz oft »Type 405«?

Die sogenannte Typenzahl gibt an, wie viel Gramm Mineralstoffe in 100 Gramm Mehl enthalten sind. Dafür wird das Mehl in einem speziellen Ofen bei 900 °C verbrannt. Die übrig bleibenden nichtbrennbaren Bestandteile geben Aufschluss über den Mineralstoffgehalt des Mehls. Bei dunklen Sorten sind es etwa 1800 Milligramm, bei hellem Weizenmehl 405 Milligramm.

Warum heißt Altbier eigentlich »Altbier«?

Bei Altbier handelt es sich (wie der Name schon vermuten lässt) tatsächlich um etwas Altes, und zwar um eine alte Brauweise. Bei diesem Bier findet der Gärprozess bei höheren Temperaturen als beispielsweise beim Pils statt. Weil man früher oft keine Möglichkeiten hatte, das Bier zu kühlen, wurde vielerorts nur diese dunkle, obergärige Sorte gebraut. Mit Erfindung der technischen Kühlung 1873 konnten auch untergärige Biere hergestellt und verkauft werden, die schon nach kurzer Zeit sehr beliebt waren.

Warum gibt es Spinat nicht in Dosen?

Sie erinnern sich sicherlich auch noch an die Comicfigur Popeye: Der Seemann brauchte nur eine Dose Spinat aufzureißen und hinunterzukippen, und schon hatte er schier übermenschliche Kräfte. Aber irgendwie ist da doch – mal ganz

abgesehen von der außerordentlichen Wirkung des Spinats –
etwas gehörig faul an der Geschichte ... Ich zumindest habe
noch nie, in keinem Supermarkt der Welt, in dem ich bislang
war, Spinat in Dosen gesehen. Das hat, wie ich jetzt gelesen
habe, auch zwei gute Gründe: Erstens eignet sich Spinat nicht
zur Dosenkonservierung, weil er dabei bis zu 60 Prozent seiner Vitamine verlieren würde. Zweitens verändern sich durch
die Hitzesterilisation die grünen Farbstoffe, der Spinat würde
eine unschöne khakibraune Farbe bekommen. Deswegen kauft
man Spinat üblicherweise frisch oder tiefgefroren!

Warum gibt man Salz ins Kochwasser?

Schlaubi-Schlümpfe werden jetzt sofort rufen: »Na, weil das
Salz den Siedepunkt des Wassers erhöht und das Gemüse dann
schneller gar ist!« Schöne Idee, ist aber trotzdem falsch. Denn
wenn man 30 Gramm Salz in einen Liter Wasser gibt, dann
erhöht sich die Siedetemperatur gerade mal um ein halbes °C,
und die Kochzeit verkürzt sich um weniger als eine Sekunde.
Andere werden jetzt sagen: »Das Salz gibt man ins Kochwasser, damit die Kartoffeln oder Nudeln den Salzgeschmack annehmen!« Ja ..., nee ... Stimmt so nicht, wie ich auf einer sehr
schlauen Internetseite nachlesen konnte. Wenn Sie mal an Ihren Biologieunterricht zurückdenken, dann erinnern Sie sich
bestimmt daran, dass da auch mal das Wort »Osmose« gefallen
ist. Durch Osmose gleichen sich Lösungen, wenn sie aufeinan-
dertreffen, in ihrer Konzentration aus. Das Salz sorgt nun dafür, dass das Gemüse sein Aroma nicht durch Osmose verliert.
Denn es verhindert, dass zu viel Wasser in das Gemüse wandert
und all die Würze des Gemüses ins Wasser.

Warum wird im Flugzeug so oft Tomatensaft getrunken?

Ein wahres Mysterium, für das Wissenschaftler des Fraunhofer-Instituts nach vielen Jahren des Rätselns endlich eine Auflösung gefunden haben: Es liegt nicht an der guten Bekömmlichkeit oder dem Herdentrieb (nach dem Motto: Trinkt einer Tomatensaft, machen es alle anderen auch). Der niedrige Luftdruck in den Kabinen ist vielmehr schuld, der beeinflusst nämlich das menschliche Geschmacksempfinden. Hoch in der Luft nehmen wir den Geschmack von Salz, Zucker oder auch Kräutern viel schwächer wahr, alles schmeckt insgesamt anders, es finden richtige »Geschmacksverschiebungen« statt. Bei der Verkostung mit Tomatensaft kam heraus: Unten am Boden wurde der Geschmack von Tomatensaft von den meisten Testpersonen als »muffig« beschrieben. Oben an Bord, bei Niedrigdruck, war das nicht der Fall, dort empfanden die Tester den Geschmack als »fruchtig« und süß.

Warum »schließt« Käse eigentlich den Magen?

»Ist der Leib in guter Ruh, schließe ich mit Käse den Magen zu«, dieser Satz findet sich in einer Abhandlung des römischen Schriftstellers Plinius des Älteren, der diese im ersten Jahrhundert n. Chr. geschrieben hat.[4] Tatsächlich hatte der alte Knabe recht. Käse wirkt extrem sättigend, was an folgendem Effekt liegt: Sowohl bei der Reifung des Käses vor dem Verzehr als auch nach dem Verzehr, bei der Verdauung im Dünndarm, wird Fett zu freien Fettsäuren abgebaut. Wenn diese auf die Darmschleimhaut treffen, werden hormonähnliche Stoffe ausgeschüttet. Die wiederum sorgen dafür, dass der Magen langsamer arbeitet und der Ausgang in Richtung Darm »geschlossen« wird. Somit bleibt das Essen länger im Magen, und das Sättigungsgefühl hält länger an.

Warum sprudeln Brausetabletten im Wasser?

Egal ob Kopfschmerztablette, Magnesium oder Vitamin C in Form von Brausetabs: Wenn Sie so ein Teil in ein Glas Wasser geben, sprudelt es sofort wie wild, und nicht selten ist die Umgebung des Glases dann feucht-fröhlich gesprenkelt. Nicht drüber ärgern, sondern lieber das Positive sehen, das Ganze hat nämlich einen tieferen Sinn: Durch das Sprudeln verteilen sich die Inhaltsstoffe gut im Wasser, und Ihnen bleibt ewig langes Umrühren erspart. So, und jetzt zur eigentlichen Begründung, warum die Tablette im Wasser sprudelt: Schuld daran ist eine chemische Reaktion des Wassers mit zwei Inhaltsstoffen der Brausetablette. Da wären zum einen Zitrate, das sind Salze aus der Zitronensäure. Wenn diese Zitrate auf Wasser treffen, wird aus ihnen wieder Zitronensäure. Brausetabletteninhaltsstoff Nummer zwei ist Natriumhydrogenkarbonat. Das ergibt zusammen mit der frisch entstandenen Zitronensäure und dem Wasser Kohlensäure. Was Kohlensäure so treibt, wissen Sie: Sie entweicht in sprudelnden Blasen.

Warum sollte man Kartoffeln immer im Dunkeln lagern?

Kartoffeln bilden Keime, wenn sie nicht mehr die Jüngsten sind. Tun sie das bei Licht, entsteht dabei ein Stoff namens Solanin, und die Keime haben eine grüne oder violette Farbe.

Solanin ist giftig und macht die Kartoffel ungenießbar. Übrigens hilft es nichts, diese Triebe einfach abzuschneiden, denn das Solanin entsteht auch in der Schale und im Innern der Kartoffel, wenn sie bei Licht gelagert werden. Also: Ab damit in den Keller oder in einen Korb unter der Spüle.

Warum sollte man bei Orangen die weiße Haut unter der Schale nicht mitessen?

Bei Orangen aus – ich nenne es mal – »normalem« Anbau sollten Sie die weiße Haut tatsächlich vor dem Essen entfernen, weil diese Früchte mit Pestiziden gespritzt werden und sich die Giftstoffe in der weißen Haut anreichern. Wenn Sie Bio-Orangen kaufen, können Sie die weiße Haut aber guten Gewissens mitessen, weil beim Anbau auf Spritzgifte verzichtet wird. Es ist tatsächlich sogar absolut zu empfehlen, bei Bio-Orangen die weiße Haut mitzuessen, weil sie viele Ballaststoffe enthält, das ist gut für die Verdauung, und außerdem stecken darin jede Menge Vitamin C und sogenannte Flavonoide, die die Körperabwehr stärken.

Warum wird das Ei beim Kochen hart, die Kartoffel aber weich?

Beide werden mit Wasser gekocht – in beiden Fällen sollte man Salz ins Kochwasser geben –, aber das Ergebnis ist grundverschieden. Das liegt an den unterschiedlichen Inhaltsstoffen. Die Kartoffel besteht zu einem großen Anteil aus Stärke, deren Moleküle in langen, geraden Ketten verbunden sind, ähnlich fest wie ein Reißverschluss. Durch die Hitze beim Kochen gehen diese starren Ketten kaputt. Die Stärke wird dadurch zum Teil aus der Kartoffel rausgeschwemmt, Wasser dringt ein, die verbliebene Stärke quillt dadurch in der Kartoffel auf, und sie wird weich. Das Ei wiederum besteht zu einem Großteil aus Eiweißen, auch Proteine genannt: Deren Molekülketten liegen nicht ordentlich nebeneinander, sondern haben eine lockere Knäuelstruktur, deshalb ist das Ei in rohem Zustand auch so glibberig. Durch die Hitze lösen sich die Knäuel auf, die Ketten richten sich neu aus, sie verkleben teilweise miteinander. Die Struktur verfestigt sich, das Eiweiß – und der Dotter natürlich auch – werden hart.

Warum soll man beim Eierkochen Salz oder Essig ins Kochwasser geben?

Ich erspare Ihnen jetzt die ganz exakte chemische Erklärung von den Ionen, der elektrostatischen Abstoßung und den intramolekularen Bindungen. Das ist furchtbar kompliziert und läuft am Ende doch nur auf die jetzt folgende, ganz einfache Erklärung hinaus: Wenn man Salz oder Essig in das Kochwasser seiner Frühstückseier gibt, verhindert man, dass die Eier beim Platzen auslaufen, weil das Eiweiß dann deutlich schneller gerinnt!

Warum soll man Fleisch scharf anbraten?

Weil sich dann die Poren schnell schließen und das Fleisch saftig und zart bleibt, werden Sie jetzt vielleicht sagen. So habe ich es auch mal gelernt – tatsächlich sogar in einem richtigen Kochkurs –, aber das Ganze ist der totale Blödsinn. Fleisch besteht nämlich aus Muskelzellen und hat gar keine Poren, die man durch große Hitze verschließen könnte. Bester Beweis dafür ist der Bratensaft, der sich auch bei scharfem Anbraten in der Pfanne oder nach dem Servieren auf dem Teller sammelt. Der einzige Vorteil des scharfen Anbratens liegt darin, dass das Fleisch sehr schnell gegart wird und in der kurzen Zeit weniger Bratensaft austreten kann, als wenn es langsam vor sich hin schmurgelt.

Noch zwei Tipps: Wenn Sie lieber saftige Steaks statt Schuhsohlen essen, sollten Sie das Fleisch zum Wenden auf gar keinen Fall mit einer Gabel oder Ähnlichem anpieksen. Durch die entstehenden Löcher kann nämlich erst richtig viel Bratensaft austreten. Und zweitens sollte man das Fleisch erst nach dem Braten salzen, sonst entzieht ihm das Salz nämlich die Flüssigkeit.

Warum sollte man gekochte Eier nicht unbedingt immer abschrecken?

Eier schreckt man nicht etwa ab, weil sich dadurch die Schale besser vom Ei ablösen lässt, sondern weil man so den Garprozess stoppt. Ließe man nämlich kein kaltes Wasser über die frisch gekochten Eier laufen, würden Eiweiß und Dotter durch die gespeicherte Hitze noch bis zu drei Minuten weiter hart werden. Trotzdem sollte man nicht jedes Ei nach dem Kochen abschrecken. Durch das rasche Abkühlen zieht sich das Innere des Eies nämlich zusammen, Wasser kann durch die poröse Schale eintreten, und da dieses Wasser nicht steril ist, können sich im Innern des Eies Bakterien ansiedeln. Abgeschreckte gekochte Eier sind deshalb nur etwa zwei Tage haltbar, während nicht abgeschreckte gekochte Eier bis zu drei Monate bedenkenlos verzehrt werden können.

Warum lassen sich manche Eier leicht pellen und andere total schwer?

In meiner Familie wurde neulich die Theorie aufgestellt, dass es wohl »genetisch bedingt« sei, ob sich ein Ei ganz leicht oder nur sehr schwer und mit vielem Gezuppel pellen lässt. Schöne Idee, ist aber leider totaler Quatsch, wie ich jetzt herausgefunden habe. Das Ganze hat einzig und allein mit dem Alter des Eies zu tun. Je länger das Ei lagert, desto mehr Luft gelangt durch die Schale, die zwar hart, aber keine Vakuumverpackung ist, ins Innere. Gleichzeitig treten Wasser und Kohlenstoffdioxid durch die Schale aus. Das sind solch geringe Mengen, dass wir Menschen sie gar nicht wahrnehmen. Dieser Prozess hat aber zur Folge, dass sich das *äußere* Schalenhäutchen, das mit der Schale verbunden ist, und das *innere* Schalenhäutchen, das am Eiweiß haftet, langsam voneinander lösen. Dadurch können ältere Eier deutlich leichter geschält werden als ganz frisch gelegte.

Warum haben manche Eier zwei Dotter?

So ein Doppel-Dotter-Ei entsteht, wenn zwei Dotterkügelchen gleichzeitig aus dem Eierstock der Henne in deren Eileiter wandern und dann gemeinsam vom Eiweiß umschlossen werden. Theoretisch könnten daraus Zwillingsküken entstehen – quasi Zweieiige aus einem Ei –, in der Praxis sieht es aber so aus, dass für zwei Küken nicht genügend Platz im Ei ist, und deshalb sterben beide im Verlauf der Entwicklung ab. Allerdings, und das muss ich der Vollständigkeit halber auch noch dazusagen, habe ich im Netz auch einen Eintrag von einem Mann namens Frank gefunden, der davon berichtet, dass sein Bekannter einen Bruterfolg mit einem doppeldottrigen Ei hatte.[5] Es sei sogar die Lokalpresse gekommen, schreibt er. Beide Küken seien Hähne gewesen, aber leider sei einer der beiden in den ersten zehn Wochen gestorben, weil er zu schwach war. Der andere soll seines Wissens nach immer noch leben.

Warum knackt Knäckebrot?

Sie können es sich wahrscheinlich selbst fast schon denken: Das Knäckebrot heißt Knäckebrot, weil es so laut knackt. Ursprünglich ist es eine schwedische Erfindung – dort heißt es »Knäckebröd«, von »knäcka« = knacken – und macht deshalb so viel Lärm beim Essen, weil es weniger als zehn Prozent Wasser enthält. Das liegt daran, dass es bei der Herstellung erst sehr kurz und sehr heiß gebacken und dann getrocknet wird. Dadurch ist es nicht nur sehr knusprig, sondern auch sehr lange haltbar. In Deutschland wurde das erste Knäckebrot 1927 in den Ersten Deutschen Knäckebrotwerken Dr. Wilhelm Kraft in Berlin-Lichterfelde hergestellt.

Warum heißt das beliebte Waffelbrot »Filinchen«?

Das in der DDR erfundene und heute noch in Ostdeutschland produzierte und sehr beliebte »Filinchen« ist kein Knäcke-, sondern ein Waffelbrot. Es sieht so ähnlich aus wie das klassische Knäckebrot, hat aber andere Inhaltsstoffe. Es besteht nicht aus Roggenschrot, sondern klassischerweise überwiegend aus Weizenmehl. Der Name hat einen ganz romantischen Hintergrund. Ausgedacht hat ihn sich ein Mann namens Oskar

Kompa. Der war Bäckermeister im thüringischen Apolda, hatte dort seit 1946 ein kleines Geschäft und war verliebt in seine Jugendfreundin Felicitas, genannt »Filinchen«. Um sie für sich zu gewinnen, dachte er sich ein ganz besonderes Brot aus – die bekannten Brotplatten aus Weizenteig, die in einem Waffeleisen gebacken wurden – und benannte es nach ihr. Überliefert ist, dass sich Felicitas nicht von diesem romantischen Akt begeistern ließ, zumindest nicht so sehr, dass sie sich daraufhin mit Oskar Kompa zusammengetan hätte. Aber Oskar war nicht beleidigt und »Filinchen« weiterhin wohlgesinnt, und deshalb behielt er den Namen für das Brot auch bei.

Warum heißt Teewurst eigentlich »Teewurst«?

Naheliegend wäre der Gedanke, dass Tee in irgendeiner Form Bestandteil dieser Streichwurst war oder sogar immer noch ist und sie ihm deshalb den Namen verdankt. Dem ist aber nicht so! Vermutlich geht der Name zurück auf die Fleischermeistertochter Karoline Ulrike Rudolf, die im Jahr 1866 den Fleischwarenfabrikanten Georg Wilhelm Heinrich Schmidthals heiratete. Sie soll das Rezept für die damals noch nicht so benannte Teewurst mit in die Ehe gebracht haben. Eines schönen Tages – so die Legende –, als man beim Fünf-Uhr-Tee saß und der kleine Hunger kam, schmierte Karoline Ulrike Stullen mit der besagten Streichwurst, und da alle Anwesenden der Meinung waren, dass diese Kombination aus Tee und Wurstbrot besonders gut schmecke, wurde die Wurst fortan nur noch *Tee*wurst genannt. Schöne Geschichte, hundertprozentig belegt ist sie aber nicht.

Warum essen wir Hühnereier, aber keine Enten- oder Gänseeier?

Eine gute Frage, schließlich werden Gänse und Enten genauso wie Hühner schon seit Urzeiten vom Menschen gehalten, und dann haben die auch noch viel größere Eier, da würden also zum Beispiel viel größere Omelettes rauskommen, das wäre doch viel ergiebiger … Ich habe mehrere Gründe gefunden, warum wir Hühnereier, aber keine Enten- oder Gänseeier essen: Zum einen ist die Hühnerhaltung wohl preiswerter als die Haltung von größerem Geflügel, weshalb es mehr Hühner- als beispielsweise Entenfarmen gibt. Dann legen Hühner einfach häufiger – es kommen mehr Eier auf den Markt –, das sorgt für günstige Preise und erklärt die Beliebtheit beim Verbraucher. Außerdem habe ich im Netz mehrere Einträge gefunden, die besagen, dass Gänse- und Enteneier einen sehr speziellen, sagen wir mal »gewöhnungsbedürftigen« Geschmack haben, also: nicht so richtig lecker sind. Dazu kommt, dass Enten und Gänse ihr Gelege wohl vehement verteidigen und es deshalb nicht leicht ist, ihnen ihre Eier abzuluchsen. Aber ich glaube, den wohl wichtigsten Grund, warum wir kaum Enteneier essen, habe ich etwas versteckt in der Eier- und Eiprodukte-Verordnung des Regierungspräsidiums Tübingen für das Land Baden-Württemberg gefunden (und so was in der Art gibt es für andere Bundesländer sicherlich auch). Da steht: »Der Verbraucherhinweis bei Enteneiern muss lauten: ›Vor Verzehr zehn Minuten durcherhitzen.‹« Dieses Durchgaren wird dringendst empfohlen, weil Enten und Enteneier deutlich häufiger und erheblich höher mit Salmonellen belastet sind als Hühner und ihre Eier. Ganz ehrlich: Wer will schon teure, hartgekochte Eier essen, die nicht wirklich gut schmecken!?

Warum soll man Tee mit kochendem Wasser übergießen?

Auf der Internetseite des Bayerischen Landesamts für Gesundheit und Lebensmittelsicherheit[7] habe ich einen Hinweis darauf gefunden, dass man bei vielen Teesorten in der Produktion nicht alle Mikroorganismen beseitigen könne, weil sonst auch andere Bestandteile wie zum Beispiel ätherische Öle verloren gingen und sich dadurch der Geschmack ändern würde. Bei Kindern, älteren oder immungeschwächten Menschen kann aber bereits eine relativ geringe Menge an Keimen zu einer Infektion führen. Deshalb sollte man Tee immer mit siedendem Wasser aufgießen und mindestens fünf bis zehn Minuten ziehen lassen, außer wenn dies ausdrücklich anders auf der Packung angegeben sei. Und wenn einem das ein echtes Landesamt sagt, sollte man sich doch besser daran halten, finde ich. Ein weiterer Grund: Angeblich entfaltet sich das Tee-Aroma bei vielen Sorten erst bei 100 °C Wassertemperatur optimal. Auf der Homepage eines bekannten Tee-Herstellers findet sich dazu der schöne Satz: »Das Aufbrühen ist der Moment, in dem die Wirkkräfte wieder lebendig werden, die in den Teeblättern ruhen: Die sanfte Kraft der Aromastoffe, die belebende Wirkung des Koffeins und der beruhigende Einfluss der Gerbstoffe.«[8] Poetisch, oder? Da bekommt man gleich Lust auf eine schön gebrühte Tasse Tee! Koffein ist übrigens auch bei Tee der richtige Begriff, der Ausdruck Teein ist total veraltet, das sagt man heute nicht mehr.

Alles in allem gilt aber: Nicht alle Tees schmecken optimal, wenn sie mit sprudelndem Wasser aufgebrüht werden. Bei grünem Tee sollte man das Wasser nach dem Aufkochen wieder auf 60 bis 75 °C abkühlen lassen, bevor man den Tee aufgießt. Sonst werden die empfindlichen Inhaltsstoffe und der Geschmack zerstört, und der Tee schmeckt bitter.

Warum heißt der Eisbergsalat »Eisbergsalat«?

Im großen Stil wurde Eisbergsalat erstmals in den USA angebaut, und zwar Anfang des 20. Jahrhunderts im Westen des Landes. Von dort trat er seinen Siegeszug rund um die ganze Welt an. Da es damals noch keine technisch gekühlten Transportmittel gab, wurden die grünen Köpfe mit großen Mengen Eis gekühlt. Auf diese Weise hielt sich der Eisbergsalat bis zu 14 Tage lang frisch, was er übrigens immer noch tut, wenn Sie ihn im Gemüsefach Ihres Kühlschranks aufbewahren. Noch eine spannende Eisbergsalat-Info: Der, den Sie hier bei uns im Supermarkt bekommen, wird von Mai bis Oktober in Deutschland angebaut, hauptsächlich in Süddeutschland. In den anderen Monaten wird er importiert, zum Beispiel aus Spanien, Italien und Frankreich.

Warum heißt der Cocktail »Cocktail«?

Übersetzt heißt dieses Getränk »Hahnenschwanz«. Warum es so heißt, ist nicht eindeutig geklärt, wie so oft gibt es mehrere Erklärungen, in diesem Fall mindestens drei. Klar ist nur, dass der Begriff aus den USA stammt und zum ersten Mal um das Jahr 1800 aufgetaucht ist. Jetzt zu den drei möglichen Entstehungsgeschichten des Wortes: Die eine besagt, dass früher nach Hahnenkämpfen der Gewinner dem Tier des Verlierers eine Schwanzfeder ausreißen durfte. Diese steckte er sich dann in seinen Drink, mit dem er auf seinen Sieg anstieß. In Variante Nummer zwei spielt der kreolische Apotheker Antoine Amédée Peychaud eine tragende Rolle, der ab 1795 in New Orleans lebte. Er soll erstmals ein Getränk aus Whiskey und Absinth gemixt haben, welches er in Eierbechern servierte, die auf Französisch (er kam ursprünglich aus einer französischen Kolonie) »coquetier« heißen. Daraus machten die englischsprachigen Amerikaner dann später das Wort »Cocktail«. Last, but not least Geschichte Nummer drei: Die besagt, dass der Cocktail früher ein »Reste«-Drink war. Erfinder war ein Wirt, der alle Reste vom Feste in einen Behälter aus Keramik kippte, der die Form eines Hahnes hatte. Aus dessen Schwanz konnte man den Mix abzapfen, und daraus soll das Wort »Cocktail« entstanden sein.

Warum soll man einmal aufgetaute Tiefkühlspeisen nicht wieder einfrieren?

Ob Pizza, Fischstäbchen oder Rahmspinat, egal welches Tiefkühlprodukt Sie in die Hand nehmen: Überall steht der Hinweis auf der Verpackung, dass man die Lebensmittel nach dem Auftauen nicht wieder einfrieren darf. Tatsächlich kann man die Produkte durchaus ein weiteres Mal einfrieren, erst recht dann, wenn sie vor dem Verzehr erneut komplett durchgegart werden. Wichtig ist, dass man die Reste möglichst schnell wieder einfriert, damit sie quasi keine Zeit haben, schlecht zu werden. Der eingangs erwähnte Hinweis auf den Tiefkühlverpackungen ist innerhalb der EU Pflicht und eine reine Sicherheitsmaßnahme.

Warum heißt der Bierschinken »Bierschinken«?

Leider ist die Antwort total unspektakulär … Im Bierschinken ist genauso wenig Bier enthalten wie in Teewurst Tee oder in Jagdwurst ein Jäger. Diese Brühwurst mit Schinkenanteil (deshalb Bier*schinken*) heißt deshalb so, weil man ihr bei der »Erfindung« einen Namen geben musste. Weil der Namensgeber damals offenbar der Meinung war, dass sie gut zu Bier schmeckt, entschied er sich für »Bierschinken«.

Warum ist Milch weiß?

Milch besteht aus Wasser, Fett und dem sogenannten Milchplasma, das sich aus Eiweiß, Milchzucker, Mineralstoffen und Vitaminen zusammensetzt. Das Fett schwimmt nicht auf der Milch, sondern in unendlich vielen winzig kleinen Tropfen in ihr herum, und das liegt am Bindemittel Lecithin, das die Fettkügelchen umgibt. Dass die Milch weiß erscheint, liegt am Licht, das von den Fettkügelchen abprallt und dadurch gebrochen wird. Auf dem »Rückweg« trifft es auf die daneben liegenden Fettkügelchen, prallt wieder ab, und das geht dann immer so weiter … Das erklärt auch, warum Vollmilch weniger »blass« ist als fettarme Milch: Je mehr Fett die Milch enthält, desto mehr wird das Licht herumgeworfen und gebrochen und desto »weißer« sieht die Milch aus.

Warum verschwindet Zwiebelgeruch, wenn man die Hände an Edelstahl reibt?

Es gibt Menschen, die schwören auf diese ergonomisch geformten Edelstahlstücke, mit denen man sich nach dem Zwiebelschneiden die Hände waschen soll. Denn angeblich geht dadurch der lästige Geruch an den Fingern nahezu restlos weg. Glaube kann ja bekanntlich Berge versetzen, und das scheint auch in diesem Fall so zu sein. Denn deutsche Wissenschaftler haben die Wirkung von Edelstahl auf Gerüche untersucht und festgestellt: Da passiert einfach mal gar nichts. Schuld daran ist die – sonst durchaus positive – Eigenschaft des Materials, eine sehr geringe Reaktionsfähigkeit aufzuweisen. Wenn der Geruch nach dem Waschen mit einer »Edelstahlseife« tatsächlich abnehmen sollte, liegt das allerhöchstens an der Reibung. Dafür kann man aber zum Beispiel auch einen simplen Stein nehmen.

Warum sollen Babys keinen Honig essen?

Honig ist ein Naturprodukt ohne jeglichen künstlichen Zusatz. Er wird – im Gegensatz beispielsweise zu Milch – auch nicht stark erhitzt und somit sterilisiert, weil sonst wertvolle Inhaltsstoffe zerstört würden. Das bedeutet aber auch, dass er Bakterien wie zum Beispiel Clostridium botulinum enthalten kann. Dieses für Erwachsene ungefährliche Bakterium kann bei Kindern in den ersten zwölf Monaten die lebensbedrohliche Krankheit »Säuglings-Botulismus« auslösen. Das liegt an der noch sehr empfindlichen Darmflora, in der sich der Erreger ungehindert vermehren und sein Gift bilden kann. Deshalb sollte man Babys bis zum ersten Geburtstag wirklich keinen Honig in den Tee geben oder auf den Schnuller schmieren.

Warum vermutet man bei zu stark gesalzenem Essen, der Koch sei verliebt?

Liebe und Salz sind seit der Antike eng miteinander verbunden. Denn damals glaubte man, dass Salz ein Aphrodisiakum sei und die Potenz steigere. Somit gaben verliebte Köche/Köchinnen ihren Speisen extra viel Salz bei, um die Lust des Objekts ihrer Begierde zu steigern. Es gibt aber noch einen weiteren Grund, warum man salzfreudigen Köchen Verliebtheit unterstellt: Wenn man verliebt ist, schüttet der Körper unter anderem das Stresshormon Cortisol aus, welches sich abschwächend auf das Geschmacksempfinden auswirkt. Wer nicht »richtig« schmeckt, hat auch kein Gefühl dafür, wann ein Gericht ausreichend gesalzen ist, und kippt zu viel davon hinein.

OSTERN

Beim Radio und Fernsehen sind Umfragen sehr beliebt. Als Praktikant wird man auf die Straße geschickt, um Meinungen »einzusammeln«, ob nun zum neuesten Skandal von Politiker XYZ, welches die persönlich besten Schnäppchen im Winterschlussverkauf waren oder ob Männer oder Frauen die besseren Autofahrer sind. Erschreckend finde ich dabei immer die Aussagen zu den christlichen Feiertagen, wenn zum Beispiel gefragt wird, warum wir Ostern, Pfingsten oder Weihnachten feiern. Bei einer Umfrage dieser Art (es war in der Weihnachtszeit) sagte doch allen Ernstes jemand, dass am 24.12. der »Highlander« geboren wurde. Ich finde: Es gehört für jeden zur Allgemeinbildung, dass Jesus als »Heiland« und nicht als »Highlander« bezeichnet wird, dass die Heiligen Drei Könige nicht »Gold, Weihrauch und eine Möhre«, sondern »Gold, Weihrauch und Myrrhe« mitgebracht haben, oder dass wir an Ostern nicht den eierbringenden Hasen, sondern Jesu Auferstehung feiern. Nicht zwingend (wieder meiner bescheidenen Meinung nach) muss man wissen, warum der Hase an Ostern so eine große Rolle spielt, warum da Eier versteckt werden und warum der Karfreitag eigentlich »*Kar*freitag« heißt. Falls es Sie trotzdem interessiert, einfach jetzt weiterlesen.

Warum werden Schoko-Osterhasen nicht in Weihnachtsmänner umgeschmolzen?

Nun stellen Sie sich mal vor, das würde wirklich passieren … Dann würden nach Weihnachten ja die übrig gebliebenen Nikoläuse und Weihnachtsmänner auch wieder eingeschmolzen und zu »neuen« Schokohasen umgegossen. Nach Ostern ginge die ganze Chose weiter und weiter, bis wir irgendwann viele Jahre alte Schokolade im Handel hätten … Ihhh bah! Neben dem genannten Argument gibt es aber noch einen weiteren, für den Handel deutlich wichtigeren Grund, jedes Jahr frische Ware in den Verkauf zu nehmen. Sie ahnen es sicherlich schon: Es geht um das liebe Geld. Jeden einzelnen Schokohasen aus seiner Alufolie zu wickeln, ihn einzuschmelzen, als Weihnachtsmann neu zu gießen und auch als selbigen zu verpacken, wäre viel zu aufwändig und damit auch zu teuer.

Warum gibt es eigentlich den Osterhasen?

Bis heute gibt es keine endgültige Erklärung für das Aufkommen des Oster*hasen,* dafür aber mehrere Theorien: Die wohl populärste beruht darauf, dass der Hase ein Symbol für Fruchtbarkeit ist. Der griechischen Liebesgöttin Aphrodite und der germanischen Frühlings- und Fruchtbarkeitsgöttin Ostara wurde deshalb auch der Hase als heiliges Tier zugeordnet. Er beweist ja selbst große Fruchtbarkeit, indem er bis zu 20 Junge pro Jahr bekommt … Da das Thema Fruchtbarkeit natürlich super in den Frühling passt, wenn alles grünt und sprießt und zu neuem Leben erwacht, passt auch der Hase perfekt zu Ostern. Dazu kommt, dass Hasen wenig scheu sind und deshalb im Frühjahr, wenn sie verstärkt auf Futtersuche gingen, häufig in den Dörfern und Städten gesehen wurden. Hasen waren also gerade um die Osterzeit besonders präsent.

Schließlich gibt es auch christliche Erklärungsansätze: Einer geht auf eine fehlerhafte Übersetzung von Psalm 104,18 zurück: Im Ursprungstext ist die Rede von »Klippschliefern«, einer Art Dachs, übersetzt wurde das anfänglich mit »Hase« oder »Kaninchen«, vermutlich, weil man nicht wusste, was »Klippschliefer« überhaupt sind. Da der Hase in der Spätantike, also von etwa 300 bis 500 n. Chr., zum anderen als Symbol für Jesus diente, hatten und haben die Christen auch kein Problem mit dem Osterhasen!

Übrigens: Früher hatte der Osterhase durchaus noch Konkurrenz, in einigen Teilen der Schweiz brachte der Kuckuck die Eier, in Westfalen der Fuchs, in Thüringen der Storch und in Böhmen der Hahn. Diese Ostereiüberbringer sind mittlerweile ausgestorben. Das liegt an der Werbung, die sich irgendwann auf den Hasen eingeschossen hat.

Warum werden an Ostern Eier versteckt?

Bemalte Eier galten in vielen Kulturen schon immer als Symbol für Fruchtbarkeit und wurden traditionell zum Frühlingsanfang verschenkt. Die Chinesen zum Beispiel haben das schon vor 5000 Jahren gemacht! Für die ersten Christen war das Ei weniger ein Symbol für Fruchtbarkeit als ein Sinnbild des Lebens und der Auferstehung. Das Ei ist wie ein Grab, in dem Leben eingeschlossen ist. Wenn jemand starb, wurde ihm deshalb ein Ei mit in sein Grab gegeben. Dazu kommt, dass man früher in der Fastenzeit keine Eier essen durfte. Da die Hühner aber weiter fleißig ihre Eier legten und die Menschen den Kühlschrank noch nicht erfunden hatten, mussten die Eier irgendwie haltbar gemacht werden: Man kochte sie hart. Am Ende der Fastenzeit – an Ostern – wurden sie dann gegessen, an liebe Menschen verschenkt oder man bezahlte damit seine Pacht! Im Mittelalter musste der Pächter dem Grundherrn immer an Ostern seine Abgaben leisten. Da das auch in Naturalien geschehen durfte, zahlten viele ihre Pacht mit Eiern.

Warum färbt man die Eier zu Ostern?

Auch hierfür gibt es wieder mehrere Gründe. Zum einen ist es tatsächlich ein uralter Brauch, in der Frühlingszeit bemalte Eier zu verschenken, wie schon weiter vorne gesagt, haben die Chinesen das schon vor 5000 Jahren gemacht. Bei den Christen hatte das Färben der Ostereier anfangs wohl eher praktische Gründe. Da man während der Fastenzeit keine Eier essen durfte, die Eier aber nicht wegwerfen wollte, kochte man sie hart und machte sie somit haltbar. Um die rohen von den gekochten Eiern unterscheiden zu können, gab man Pflanzenteile in das Kochwasser – wie zum Beispiel Zwiebelschalen – und färbte die Eier damit. Ab dem 13. Jahrhundert war die traditionelle Farbe für Ostereier Rot, da Rot die Farbe des Lebens und der Freude ist und als Symbol für das Blut Christi galt. Nach und nach setzten sich dann aber auch andere Farben durch, und die Eier wurden nicht nur gefärbt, sondern auch ausgeblasen, bemalt, beschrieben, beklebt und nach allen Regeln der Kunst verziert.

Warum heißt der Karfreitag eigentlich »Karfreitag«?

Das »Kar« im Karfreitag geht zurück auf das althochdeutsche Wort »kara«, was so viel heißt wie Klage, Kummer oder auch Trauer. Wenn man bedenkt, dass die Christen an diesem Tag des Todes Jesu am Kreuz gedenken, macht es auch Sinn, diesen Tag »Trauertag« zu nennen.

Warum gibt es eigentlich das Osterlamm?

Seinen Ursprung hat das Osterlamm im jüdischen Ritual, zum Passahfest ein Lamm zu schlachten und zu verspeisen. Auch im Christentum war das Lamm von Anfang an »präsent«, und zwar als Symbol für Jesus Christus. In der Bibel gibt es mehrere Stellen, in denen Jesus als Lamm Gottes bezeichnet wird, zum Beispiel im Johannes-Evangelium. Das Osterlamm wird in der Kunst traditionell mit einer Siegesfahne gezeigt und symbolisiert Jesu Auferstehung und somit seinen Sieg über den Tod.

Warum spricht der Papst an Ostern den Segen »Urbi et Orbi«?

»Urbi et Orbi« heißt übersetzt »der Stadt und dem Erdenkreis«, wobei mit »Stadt« Rom und mit »Erdenkreis« die ganze Welt gemeint ist. Ausgedrückt werden soll damit die Tatsache, dass der Papst sowohl der Bischof von Rom als auch das Oberhaupt der römisch-katholischen Kirche ist. Diesen feierlichen Segen spricht der Papst zu Ostern, zu Weihnachten und direkt nach seinem ersten Auftritt als neu gewählter Pontifex. Das Ritual dieses Segens hat sich im 13. Jahrhundert entwickelt, und nach der katholischen Lehre wird allen, die ihn hören oder sehen und »die guten Willens sind«, ein vollkommener Ablass ihrer Sündenstrafe gewährt. Früher war für diese Absolution die körperliche Anwesenheit des Sünders in Sichtweite des Papstes notwendig, seit 1967 kann er auch über das Radio, seit 1985 über das Fernsehen und seit 1995 über das Internet gültig empfangen werden. Übrigens »gilt« dieser Segen auch, wenn der Papst die Formel »Urbi et Orbi« nicht ausspricht, sondern nur »stumm« spendet. Ostern 2005 war das zum Beispiel der Fall, als Papst Johannes Paul II. nach einem Luftröhrenschnitt nicht mehr sprechen konnte.

SAGT MAN SO

Im zarten Alter von vier Jahren habe ich meinen Eltern verkündet, dass ich, wenn ich mal groß bin, Radiomoderatorin werden will. Als ich das mit 19 Jahren immer noch wollte, machte mein Vater für meinen Umzug nach Berlin zur Bedingung, dass ich dort erst mal etwas studieren sollte, falls die Leute beim Radio mich und meine Idee gar nicht so gut fänden … Also habe ich an der Freien Universität im Hauptfach Germanistik studiert, bis ich dann nach drei Semestern ein Praktikum beim Radio bekam und dort tatsächlich hängen blieb. Die anderthalb Jahre an der Uni waren zum Teil gruselig – da sprangen genau die Quasselstrippen rum, die ich im Leistungskurs Deutsch schon so anstrengend fand –, zum anderen aber auch sehr schön, weil ich die deutsche Sprache einfach liebe und es hochgradig spannend finde, wie sie sich entwickelt hat. Wahrscheinlich ist dieses Kapitel mit Redewendungen und Begriffen, die wir oft benutzen, ohne zu wissen, warum man das eigentlich so sagt, deshalb auch besonders umfangreich.

Warum sagt man, jemand solle keine »Fisimatenten« machen?

Gemeint ist damit, dass derjenige keinen Quatsch, Unsinn, Faxen, Blödsinn machen soll, so viel dürfte bekannt sein. Die Entstehung des Wortes Fisimatenten ist nicht eindeutig geklärt, es gibt aber wie immer mehrere Theorien. Die eine besagt, dass das Wort am Anfang des 19. Jahrhunderts entstanden ist, als Deutschland weitgehend unter französischer Besatzung stand. Damals sollen französische Soldaten immer wieder versucht haben, deutsche Mädchen in ihr Lager zu locken, mit der Einladung: »Visitez ma tente!«, also: »Besuchen Sie mein Zelt!« Die besorgten Eltern dieser Mädchen haben ihren Kindern dann beim abendlichen Ausgang den dringenden Rat mitgegeben, keine »Fisi ma tenten« zu machen. Eine schöne Geschichte, wie ich finde, aber leider eher unwahrscheinlich, da das Wort »Fisimatenten« bereits 1499 zum ersten Mal in schriftlicher Form auftauchte. Es stammt wohl eher von dem lateinischen »visae patentes« ab, was so viel heißt wie »ordnungsgemäß verliehenes Patent«. Die Erteilung dieser Patente war oft sehr langwierig, umständlich und mit viel Bürokratie verbunden, und deshalb entwickelte der Volksmund daraus ein spöttisches »Mach keine Fisimatenten«, was heißen sollte: »Lass doch diesen ärgerlich umständlichen Kram!«

Warum sagt man »Die Zeit ist abgelaufen«?

Um dieser Redewendung auf die Spur zu kommen, müssen wir die Zeit um viele, viele Jahre zurückdrehen, bis ins alte Ägypten, und da ungefähr ins 16. Jahrhundert v. Chr. Ein findiger Beamter mit dem schwer auszusprechenden Namen Amenemhet bastelte aus einem Tontopf und simplem Wasser die erste Wasseruhr. Sie ermöglichte es, ganz unabhängig von Tageszeit und/oder Wetter, die genaue Uhrzeit abzulesen. Später wurde diese erste Wasseruhr, bei der einfach nur Wasser ein- und auslief, noch perfektioniert: Man brachte Räderwerke und damit verbundene Schwimmer an, mit deren Hilfe man die Uhrzeit von Zifferblättern ablesen konnte. Diese Uhren wurden in Griechenland zur Begrenzung der Redezeit vor Gericht eingesetzt. Wenn das Wasser abgelaufen war, war es auch die (Rede-)Zeit.

Warum sagt man in Bayern eigentlich »Grüß Gott«?

Meine achtjährige Tochter hat gemutmaßt: »Weil die Bayern doch alle katholisch sind und deshalb vielleicht besonders nah am lieben Gott dran.« Schöne Idee, stimmt so aber nicht. Das »Grüß Gott« bedeutet nicht, dass man Gott grüßen soll, sondern genau umgekehrt, dass man von Gott gegrüßt werden möge. Der Gruß ist die Kurzform von »Es grüße dich Gott«. Und das wiederum meint, dass derjenige, der einem »Grüß Gott« sagt, wünscht, dass man von Gott beachtet und idealerweise auch gesegnet wird.

Warum werden Polizisten auch »Bullen« genannt?

Darauf hat mein Papa immer ganz allergisch reagiert, denn der war selbst Polizeibeamter und fand diese Bezeichnung gar nicht witzig. Tatsächlich ist der Begriff »Bulle« als Bezeichnung für einen Polizisten aber gar keine Beleidigung, sondern ursprünglich sogar eine Respektsbekundung! Er kommt nämlich aus der

Gaunersprache des 18. Jahrhunderts. Damals nannte das sogenannte lichtscheue Gesindel die Ordnungshüter – also die Landjäger und Gendarmen – »Bohler«. Dieses Wort hatte man wiederum abgeleitet vom Begriff »Bol«, was in den Niederlanden »kluger Mensch« bedeutet. Je nach Mundart und Dialekt wurde dieses »Bohler« unterschiedlich ausgesprochen – manche sagten »Bohlwer« oder auch »Puller« –, und irgendwann wurde daraus der heute noch gebräuchliche Begriff »Bulle«. Schuld an dem negativen Dreh dieses Wortes waren protestierende Studenten in den 1960er-Jahren. Da in den USA die Cops oft als »pigs«, also Schweine, bezeichnet wurden (und immer noch werden), kam man darauf, auch den Tiernamen für unsere Polizisten als Schimpfwort zu benutzen.

Übrigens, während man in den 1980er-Jahren für diese Bezeichnung wegen Beamtenbeleidigung noch bis zu 3000 Mark Strafe zahlen musste, entscheiden die meisten Gerichte heute, dass das Wort »Bulle« harmlose Umgangssprache geworden ist. Nur wenn man dem Wort noch so unschöne Sachen wie »Drecks-« oder »Sau-« voranstellt, wird man mit ziemlich großer Wahrscheinlichkeit wegen Beamtenbeleidigung verurteilt. Und wenn Sie mich fragen, auch völlig zu Recht.

Warum feiert man »bis in die Puppen«?

Bis in die Puppen kann man heute feiern, tanzen oder auch schlafen. Ursprünglich wurde diese Redewendung aber in Verbindung mit dem Verb »gehen« gebraucht. Wer in der zweiten Hälfte des 18. Jahrhunderts »bis in die Puppen ging«, machte einen sehr, sehr langen Spaziergang. Entstanden ist diese Redewendung in Berlin, wo es heute noch den »Großen Stern«, eine riesige Kreuzung mitten im Tiergarten, gibt. Dieser Platz war früher mit vielen Statuen geschmückt, die im Volksmund »Puppen« genannt wurden. Und da der »Große Stern« vom damaligen Stadtkern ziemlich weit entfernt war, war es eben auch ein weiter Weg »bis in die Puppen«.

Warum sagt man, dass jemand einen »Kardinalfehler« begangen hat?

Zunächst einmal: Nein, ich habe mich nicht verschrieben, es heißt tatsächlich Kardinalfehler und nicht Kardinalsfehler, die Version mit »s« ist laut Duden nicht zulässig! Und jetzt zur Herkunft dieses Begriffs: Die Vermutung liegt nahe, dass irgendein Kardinal mal etwas so richtig verbockt hat und man daraufhin alle wirklich entscheidenden Fehltritte oder -entscheidungen als Kardinalfehler bezeichnet hat. Stimmt aber nicht. Mit dem Kardinal aus der katholischen Kirche hat dieses Wort nur ganz entfernt etwas zu tun. Der Wortbestandteil *»Kardinal-«* ist entlehnt aus dem lateinischen Adjektiv *»cardinalis«,* das wiederum abgeleitet wurde von *»cardo«,* und das steht für »Achse«, »(Tür-)Angel«, »Eck-, Angel- oder Hauptpunkt«. Begeht man nun einen Kardinalfehler, betrifft er den Dreh- und Angelpunkt einer Sache und ist damit grundsätzlicher Natur, das bedeutet zum Beispiel, dass eine gestellte Aufgabe durch diesen Fehler unlösbar geworden ist.

Zum Schluss noch ein Wort zu den Kardinälen: Die heißen so, weil man im Mittelalter der Meinung war, dass die gesamte Kirche von den Kardinälen so »wie die Tür von der Angel« regiert wird.

Warum heißt die Brille »Brille«?

Seit es uns Menschen gibt, gibt es auch Kurz- und Weitsichtigkeit. Und weil das ein altbekanntes Problem ist, haben sich auch schon vor Hunderten von Jahren Gelehrte damit beschäftigt, der Araber Ibn Al-Haitham zum Beispiel. Der hat irgendwann um 1000 n. Chr. das Buch »Schatz der Optik« geschrieben und darin dargelegt, dass man mit einer geschliffenen Linse Dinge vergrößern und somit das Auge unterstützen könne. Dieses Buch bekam um etwa 1240 herum der Franziskaner Erazm Golek Vitello in die Hände und übersetzte es ins Lateinische. Seine Mönchskollegen griffen die Idee auf und schliffen aus bestimmten Halbedelsteinen, sogenannten Beryllen, Linsen. Eine solche Linse nannte man »Brill«, die Mehrzahl davon war »Brille«.

Warum sagt man: »Ich verstehe nur Bahnhof?«

Wie so oft bei Redewendungen gibt es auch bei dieser mehrere Möglichkeiten, woher sie stammen könnte. Bei Variante eins ist sie in Berlin entstanden, und zwar in der Kaiserzeit, also irgendwann zwischen 1871 und 1918. Damals sollen sich die Droschkenkutscher mit diesem Spruch über ihre ortsfremden Kunden lustig gemacht haben. Diese setzten sich oft in die Droschke und sagten, sie wollten bitte zum Bahnhof gebracht werden. Damals gab es viele Bahnhöfe in Berlin, aber keinen Hauptbahnhof. Und die damals schon für ihre Freundlichkeit berühmten Berliner Droschkenkutscher sollen dann erwidert haben: »Ick vasteh imma nur Bahnhof!« Wahrscheinlicher ist aber Variante zwei: Danach soll die Redewendung am Ende des Ersten Weltkriegs entstanden sein, als die deutschen Soldaten kriegsmüde waren und nichts sehnlicher als die Heimreise nach Deutschland wünschten. Die Heimreise wurde – da man in der Regel mit dem Zug fuhr – mit dem Bahnhof assoziiert. Und da der Wunsch der Soldaten so übermächtig war, hatten sie nichts anderes als Bahnhof im Kopf und haben demnach auch nur Bahnhof verstanden, wenn man mit ihnen sprach.

Warum heißen unerwünschte Werbemails eigentlich »Spam«-Mails?

SPAM ist ursprünglich der Markenname eines amerikanischen Dosenfleischherstellers. Er leitet sich ab von »spiced ham«, was so viel wie »gewürzter Schinken« heißt. Da dieses Fleisch in seiner Dose sehr lange haltbar bleibt, bekam im Zweiten Weltkrieg jeder US-Soldat eine solche Konserve mit in seine Notverpflegung. Und auch nach dem Krieg war Spam – im wahrsten Sinn des Wortes – in aller Munde, da es zeitweise das einzige Fleisch war, das man kaufen konnte. Spam wurde damit zum Synonym für »massenhaft vorhanden« und in dieser Bedeutung in die Sprache des Internetzeitalters übernommen. Übrigens, wenn Sie mal auf die Homepage des Dosenfleischherstellers schauen, auf www.spam.com, dann können Sie dort lesen, dass diese Firma niemals Spam-Mails verschicken würde …

Warum wünscht man sich »Hals- und Beinbruch«?

Wie so oft in der deutschen Sprache geht die Redewendung auf einen jiddischen Ausspruch zurück, in diesem Fall heißt er »hatslokhe u brokhe«. Das wiederum leitet sich aus dem

Hebräischen ab und bedeutet »gutes Gelingen« und »Segen«. Höchstwahrscheinlich haben deutsche Zuhörer dieses »hatslokhe u brokhe« einfach falsch verstanden und »Hals- und Beinbruch« rausgehört. Es gibt aber eine zweite mögliche Begründung, die gleich auch noch ähnliche Sprüche wie zum Beispiel »Mast- und Schotbruch« erklären würde. Früher ging man davon aus, dass die Schicksalsmächte gute Wünsche gerne ins Gegenteil verkehren. Man wünschte also lieber gleich etwas Schlechtes, um das Schicksal auszutricksen. Denn wenn das dann den eigenen »schlechten« Wunsch ins Gegenteil verkehrte, kam ja wieder etwas Gutes heraus.

Warum schweben Verliebte im siebten Himmel und nicht im sechsten oder achten?

Diese Redewendung geht zurück auf den griechischen Philosophen Aristoteles. Der glaubte, dass der Himmel aus sieben durchsichtigen Kristallgewölben bestehe, die in Schichten die Erde umgäben. In jeder dieser Sphären bewegte sich nach Ansicht von Aristoteles ein Himmelskörper. In der ersten Sphäre der Mond, in der zweiten der Merkur, dann die Venus, die Sonne, der Mars, der Jupiter und schließlich der Saturn. Danach kam nichts mehr, was daran lag, dass es zu jener Zeit – wir befinden uns gedanklich ungefähr im Jahr 330 v. Chr. – noch keine Teleskope gab. Aristoteles konnte sich die Gesetzmäßigkeit der Planetenbewegungen nicht erklären und glaubte, dass sie von unterschiedlichen spirituellen Kräften bewegt würden. Je höher man kam, desto vollkommener wurde die Kraft. Die siebte Sphäre war die höchste und somit auch die vollkommenste von allen. Und da die Liebe das höchste und schönste aller Gefühle ist, schweben Verliebte eben auch im siebten Himmel.

Warum machen Babys ein »Bäuerchen«?

Zur Entstehung dieser Redensart kursieren mehrere – zum Teil sehr hanebüchene – Theorien, am wahrscheinlichsten ist folgende: Im Mittelalter war es noch gang und gäbe, zu schmatzen und zu rülpsen. Man denke nur an Martin Luther, der gesagt haben soll (das ist aber nicht belegt): »Warum rülpset und furzet ihr nicht, hat es euch nicht geschmacket?« Im 19. Jahrhundert vollzog sich dann auch beim einfachen Volk ein Wandel in Sachen Tischmanieren, man wollte sich von den ungehobelten Bauern absetzen, und deshalb wurden laute Körpergeräusche tabu. Nur Babys durften noch »ein Bäuerchen machen«. Weil auch das in den Ohren netter klang als das Wort »rülpsen«.

Warum möchte man »dasselbe in Grün«?

Dieser Ausspruch ist mit großer Wahrscheinlichkeit in den 20er-Jahren des vergangenen Jahrhunderts entstanden. Ab 1924 produzierte Opel Autos am Fließband, und zwar zunächst ein Auto namens »4 PS«, das es ausschließlich in Grün gab. Deshalb wurde es im Volksmund nur als »Laubfrosch« bezeichnet. Der Opel 4 PS war in seiner Bauweise beinahe mit dem Citroën C5 identisch, der standardmäßig zitronengelb lackiert wurde. Die Käufer konnten abgesehen von der Farbe kaum einen Unterschied bemerken: Das Auto war dasselbe, nur eben in Grün. Und deshalb sagt man heute, wenn sich

zwei Dinge nur minimal voneinander unterscheiden, dass es
»dasselbe in Grün« sei.

Warum sagt man »Kümmeltürke«?

Diese Frage hat mir mein türkischer Kollege Çetin gestellt:
Danke noch mal für die Anregung! Tatsächlich hat der Ausdruck überhaupt nichts mit den Einwohnern des Landes Türkei zu tun! Er ist vielmehr in der Gegend rund um Halle entstanden, und zwar am Ende des 18. Jahrhunderts. Damals
wurde dort viel Kümmel angebaut, was den ersten Teil des
Begriffs erklärt. Und zudem muss es dort landschaftlich wenig spannend ausgesehen haben, denn »Türkei« war damals ein
landesweites Synonym für eine trostlose Gegend, ähnlich wie
wir heute »Walachei« sagen, wenn wir meinen, dass etwas irgendwo ganz weit draußen ist. Als »Kümmeltürken« wurden
vor allem Studenten bezeichnet, die nicht von weiter weg zu-
gereist waren, sondern aus der näheren Umgebung von Halle kamen.

Übrigens wird »Kümmeltürke« im Berliner Raum, anders
als im Ruhrgebiet oder in Österreich, nicht abwertend verwendet. Sprachwissenschaftler haben herausgefunden, dass der Begriff dort immer in verstärkenden Vergleichen benutzt wird.
So schuftet man zum Beispiel wie ein Kümmeltürke oder man
kann saufen wie ein Kümmeltürke. Und das ist dann durchaus
eine Anerkennung und bewundernd gemeint.

Warum sagt man »Da wird doch der Hund in der Pfanne verrückt!«?

Diese Redewendung verdanken wir vermutlich Till Eulenspiegel, seines Zeichens Narr oder auch Gaukler, der im Jahr 1300 in Kneitlingen am Elm, das ist in der Nähe von Braunschweig, geboren worden sein soll und im Jahr 1359 starb. Till Eulenspiegel hat seinen Mitmenschen ja viele Streiche gespielt, aber nicht aus Dummheit, sondern um Missstände und/oder die Fehler seiner Mitmenschen aufzudecken. Von ihm soll der Ausspruch stammen: »Ick bin ulen spegel«, übersetzt: »Ich bin euer Spiegel«, was so viel heißt wie: »Ich halte euch den Spiegel vor«. Für dieses »Spiegelvorhalten« nahm er häufig bildliche Redewendungen ganz wörtlich – wie in dem Fall mit dem verrückten Hund in der Pfanne: In dieser Episode war Till Eulenspiegel der Geselle eines Bierbrauers in Einbeck, und dort sollte er »den Hopfen wohl sieden, auf dass das Bier scharf davon schmecken würde«. Dummerweise hatte der Bierbrauer aber einen Hund, der »Hopf« hieß. Und den hat Till Eulenspiegel genommen und in die Braupfanne geworfen. Um anschließend mit Unschuldsmiene zu beteuern, er habe doch nur getan, was ihm aufgetragen wurde …

Warum werden die Sachsen eigentlich auch »Kaffeesachsen« genannt?

Die Gebrüder Jacob und Wilhelm Grimm haben nicht nur Volksmärchen gesammelt und aufgeschrieben, sie verfassten ab 1838 auch das Deutsche Wörterbuch, und in diesem umfangreichen Werk taucht auch der Begriff »Kaffeesachse« auf. Dieser soll auf die Kursachsen zurückgehen, also die Angehörigen des Kurfürstentums Sachsen. Sie haben im 18./19. Jahrhundert dafür gesorgt, dass Tee, Schokolade und vor allem Kaffee bekannt und beliebt wurden. Noch älter ist die Legende, dass der Alte Fritz den Sachsen ihren Spitznamen verpasst hat. Der Preußenkönig soll im Siebenjährigen Krieg (der ging von 1756 bis 1763) von der schlechten Arbeitsmoral seiner sächsischen Soldaten genervt gewesen sein. Diese hatten angeblich verkündet: »Ohne Gaffee gönn mer nich kämpfn!« – soll heißen: Sie wollten nur kämpfen, wenn sie vorher Kaffee zu trinken bekamen.

Übrigens: Heute trinken die »Kaffeesachsen« gar nicht so viel von dem schwarzen Gebräu, mit einem Verbrauch von 2,7 Tassen pro Person und Tag wird im Vergleich aller deutschen Bundesländer gerade in Sachsen am wenigsten Kaffee getrunken!

Warum macht kalter Kaffee eigentlich schön?

Diese Redewendung stammt aus der Zeit, als die Menschen es noch schick fanden, Perücken zu tragen, sich viel weiße Schminke ins Gesicht zu schmieren und die Lippen rot anzumalen. Die Lippenstifte wurden auf Wachsbasis hergestellt, und die Schminke war von so schlechter Qualität, dass beides leicht verlaufen konnte. Deshalb trank man damals den Kaffee kalt, um das Make-up nicht zu zerstören. Insofern ist »kalter Kaffee macht schön« eigentlich falsch, es hätte heißen müssen: »Kalter Kaffee erhält schön!«

Warum sagt man eigentlich »Alter Schwede«?

Diese Redensart ist mehr als 350 Jahre alt! Sie entstand nach dem Ende des Dreißigjährigen Krieges, also in der Zeit nach 1648. Damals wurden altgediente schwedische Soldaten vom »großen Kurfürsten«, Friedrich Wilhelm I. von Brandenburg, angeworben. Sie sollten in seinem Heer die jungen Soldaten ausbilden und drillen. Die jungen Männer nannten ihre Drillmeister nur »die alten Schweden«, was teils abfällig, teils aber auch bewundernd gemeint war.

Warum sagt man »Schnapsdrossel«?

Das Wort Drossel hat in diesem Fall nichts mit dem gleichnamigen Vogel zu tun, sondern ist eine alte Bezeichnung für die Kehle. Zu finden ist das Wort heute noch in Zusammenhängen wie »jemanden erdrosseln« oder dem »König Drosselbart« aus dem Märchen der Gebrüder Grimm. Die kleine Grube am Hals zwischen den Halsmuskeln nennt man übrigens auch »Drosselgrube«. Somit ist jemand, der viel Alkohol durch seinen Hals fließen lässt, eine »Schnapsdrossel«, also eine Schnapskehle.

Warum sagt man »Der kann dir nicht das Wasser reichen«?

Dieser Spruch ist schon viele hundert Jahre alt, denn er stammt aus dem Mittelalter, als die Menschen noch nicht mit Messer und Gabel, sondern mit den Fingern aßen. Hygiene war damals noch kein großes Thema, aber immerhin wurde in vielen vornehmeren Häusern und bei Hofe vor und nach dem Essen eine Schale Wasser gereicht, damit sich die Gäste die Hände waschen konnten. Dies tat natürlich nicht der Hausherr selbst, dafür hatte man Bedienstete. Wenn man in der Hierarchie nun ganz unten stand, war man es nicht wert, Kontakt mit den Gästen zu haben, und konnte ihnen deshalb auch nicht das Wasser reichen. Johann Wolfgang von Goethe hat in seinem Faust geschrieben: »Aber ist eine im ganzen Land, / Die meiner trauten Gretel gleicht, / Die meiner Schwester das Wasser reicht?«[9]. Das hat vermutlich maßgeblich dazu beigetragen, dass diese Redewendung in den normalen Sprachschatz übergegangen ist.

Warum steht auf Toiletten oft »00«?

Dazu kursieren im Internet viele, teils sehr abstruse Theorien, wie zum Beispiel die, dass ein aufgeklappter Toilettendeckel zusammen mit der Klobrille eine Doppel-Null bildet. Sehr wahrscheinlich stammt die Bezeichnung »00« aus der Zeit, als Anfang des 19. Jahrhunderts die ersten großen Hotels gebaut wurden. Damals wie heute wurden die Zimmer durchnummeriert. Die Toiletten befanden sich seinerzeit noch nicht in den Zimmern, sondern auf den Gängen, wurden aber logischerweise nicht als Zimmer gewertet und bekamen deshalb die Ziffern »00«. Seitdem hat sich das eben eingebürgert, auch wenn die Hoteltoiletten heute erfreulicherweise nicht mehr auf dem Gang aufgesucht werden müssen.

Warum sagt man, etwas wurde »verballhornt«?

Diesen Ausdruck verdanken wir Johann Ballhorn dem Jüngeren, der wie sein Vater (logischerweise »der Ältere«) als Buchdrucker in Lübeck tätig war. 1586 bekam Johann Ballhorn der Jüngere den Auftrag, das Lübecker Stadtrecht neu zu verlegen. Dafür überarbeitete er eine ältere Ausgabe, die viele Fehler enthielt. Aber anstatt diese Fehler zu eliminieren, baute er neue ein, was bedeutete, dass die neue Ausgabe noch mehr Fehler enthielt als die alte. Der Volksmund machte daraus ein spöttisches »verbessert durch Ballhorn«, was fortan für jede Form der »Verschlimmbesserung« benutzt wurde, und daraus wurde dann mit der Zeit umgangssprachlich »verballhornen«. Besonders peinlich war das Ganze für Johann Ballhorn den Jüngeren übrigens deshalb, weil auch in anderen Städten nach dem Lübecker Stadtrecht geurteilt wurde und man sich infolgedessen auch über die Grenzen seiner eigenen Stadt hinaus über ihn lustig machte. Historiker vermuten heute, dass der gute Johann Ballhorn der Jüngere das Stadtrecht gar nicht selbst überarbeitet, sondern wirklich nur gedruckt hat, und dass für die miserable Arbeit zwei Juristen der Stadt Lübeck verantwortlich waren. Aber da nur Ballhorns Name auf dem Titelblatt stand, hat auch nur er den Spott abbekommen.

Warum sagt man, dass etwas »okay« sei?

Darauf gibt es leider keine eindeutige Antwort, aber mehrere durchaus schlüssige Theorien. Ich habe mal gelernt, dass O.K. die Initialen von Oswald Kowalsky sind, der beim amerikanischen Autobauer Ford vom Band gelaufene Fahrzeuge kontrollierte. Wenn sie in Ordnung waren, hat er sein »O.K.« darunter gesetzt. Das Wort »Okeh« findet sich aber auch in der Sprache der Choctaw-Indianer, dort heißt es so viel wie »in der Tat«, und deshalb kann es auch gut sein, dass nicht Oswald Kowalsky, sondern dieser Indianerstamm das Wort »Okay« erfunden hat. Möglich ist aber auch – und das ist, wie ich finde, die langweiligste aller Möglichkeiten –, dass dieses Okay einfach eine abgewandelte Form des englischen Ausdrucks »all correct«, also »alles in Ordnung«, ist.

Warum sagt man »Das schlägt dem Fass den Boden aus!«?

Am 23. April 1516 erließ Herzog Wilhelm IV. in Ingolstadt offiziell das bayerische Reinheitsgebot. Darin steht unter anderem folgender Satz: »Ganz besonders wollen wir, dass forthin allenthalben in unseren Städten, Märkten und auf dem Lande zu keinem Bier mehr Stücke als allein Gersten, Hopfen und Wasser verwendet und gebraucht werden sollen.« Die Vorschriften waren extrem streng, und ihre Umsetzung wurde regelmäßig von der Obrigkeit kontrolliert. Wenn die Kontrolleure befanden, dass das Gebräu minderwertig war, wurde der Braumeister bestraft, indem man dem Fass mit einer Axt den Boden ausschlug. Weil das von den Braumeistern als besonders gemein empfunden wurde, ging dieser Brauch als eine Bezeichnung für eine extreme Zumutung in den Sprachschatz über.

Warum ist der Gegenstand eines Streits ein »Zankapfel«?

Dazu muss ich Ihnen eine kleine Geschichte erzählen: Peleus und Thetis wollen auf dem Olymp, dem Sitz der griechischen Götter, heiraten. Zur Feier sind alle Götter eingeladen. Alle bis auf Eris, die Göttin der Zwietracht. Sie rächt sich, indem sie trotzdem zur Hochzeit kommt und den Feiernden einen goldenen Apfel zuwirft, auf dem die Inschrift »Der Schönsten« steht. Sowohl Hera (die Göttin der Ehe und Geburt und Frau von Zeus), Athene (unter anderem Göttin der Weisheit) als auch Aphrodite (die Göttin der Liebe und Schönheit) beanspruchen den Apfel für sich (weil sich jede als die Schönste empfindet) und zanken deshalb. Was so ähnlich klingt wie »Dornröschen«, ist eine antike Sage von Homer, und der verdanken wir den Ausdruck »Zankapfel«. Übrigens, die Geschichte geht noch lange weiter und hat noch viele Irrungen und Wirrungen zu bieten, an deren Ende die Zerstörung Trojas steht, aber das soll ein anderes Mal erzählt werden …

Warum sagt man, etwas sei »08/15«?

Wie so oft bei Redewendungen gibt es auch hier mehrere Erklärungsvarianten, wobei alle auf das Maschinengewehr mit der Typenbezeichnung MG 08/15 zurückgehen. Dieses MG 08/15 wurde im Ersten Weltkrieg ab August 1915 – deshalb auch 08/15 –, aber auch im Zweiten Weltkrieg benutzt. Bei Variante eins macht man das langwierige und langweilige Training, das die Soldaten regelmäßig mit ihrem Gewehr absolvieren mussten, für die Entstehung dieses Ausdrucks verantwortlich. Also 08/15 = langwierig und langweilig. Variante Nummer zwei:

Das MG 08/15 war das erste einheitliche, genormte Gewehr im Deutschen Reich und stand deshalb für »Durchschnitt«. Die dritte mögliche Entstehungsvariante bezieht sich auf den eben schon erwähnten Produktionsstart: Ab August 1915 nahm die Qualität der Waffen nämlich permanent ab, und alles, was »nichts Besonderes« war, wurde von den Soldaten als »08/15« bezeichnet. Dass diese Ziffern in den allgemeinen Sprachschatz übergegangen sind, liegt wahrscheinlich an der Romantrilogie von Hans Hellmut Kirst, die den Titel 08/15 trägt und 1954 erschienen ist. Die Geschichte erzählt das Leben und Leid (zum Beispiel auch mit dem vielfach erwähnten Maschinengewehr) der Soldaten während des Zweiten Weltkriegs. Sie war ein absoluter Verkaufsschlager und wurde sogar verfilmt.

Warum wird das Führerhaus eines Flugzeugs »Cockpit« genannt?

Cockpit heißt übersetzt »Hahnengrube« und meint eigentlich die Arena für Hahnenkämpfe. Warum die Pilotenkabine (übrigens nicht nur bei Flugzeugen, sondern beispielsweise auch bei Formel-1-Rennwagen) so genannt wird, hat zwei mögliche Gründe: Zum einen befand sich im 18. Jahrhundert auf größeren Kriegsschiffen das Lazarett in der Regel ganz vorne im Bug. Dort ging es – wie bei Hahnenkämpfen in der Hahnengrube – in der Regel leider sehr blutig zu, weil die Verletzten meist nicht nur kleine Schnittwunden hatten, und deshalb bürgerte sich aus Galgenhumor bei den Soldaten das Wort »Cockpit« für den vorderen Bereich des Schiffes ein. Wahrscheinlicher ist aber, dass der Begriff im Ersten Weltkrieg geprägt wurde, als die Kampfflugzeuge noch offene Maschinen waren. Wenn sich der Kampfpilot in »sein« Loch im Flugzeugrumpf setzte, begab er sich in sein »Cockpit«, in seine Hahnenkampf-Arena.

Warum sagt man »Tohuwabohu«?

Ich sag es Ihnen ganz ehrlich: Wenn ich bei Günther Jauch auf dem WWM-Stuhl sitzen würde und diese Frage gestellt bekäme, hätte ich bislang immer Stein und Bein geschworen, dass das Wort indianische Ursprünge habe. Aber nein: Tohuwabohu stammt nicht von irgendwelchen Sioux oder Apachen ab, sondern aus der Bibel, und zwar aus der Schöpfungsgeschichte, gleich am Anfang, im 1. Buch Mose. Die ersten beiden Sätze lauten: »Am Anfang schuf Gott Himmel und Erde. Und die Erde war wüst und leer, und es war finster auf der Tiefe; und der Geist Gottes schwebte auf dem Wasser.« Dieses »wüst und leer«, wie Martin Luther es übersetzt hat, heißt im hebräischen Originaltext »tohu va vohu«. Wenn wir heute von Tohuwabohu sprechen, meinen wir aber nicht »wüst und leer«, sondern eher ein großes Durcheinander.

Warum freut man sich wie ein Schneekönig?

»Schneekönig« ist eine andere Bezeichnung für den Zaunkönig, ein ziemlich unscheinbarer Singvogel, der im Winter nicht nach Süden zieht, sondern hier bei uns bleibt. Den umgangssprachlichen Spitznamen »Schneekönig« hat er bekommen, weil er selbst im tiefsten Schnee und Eis noch fröhlich vor sich hin trällert, als wäre es bereits schönster Frühling. Und deshalb werden Menschen, die sehr gute Laune haben und sich freuen, ebenfalls als Schneekönig bezeichnet.

Warum sagt man »Frauenzimmer«?

Als »Frauenzimmer« wurde früher keine einzelne Frau bezeichnet, sondern im 15. Jahrhundert der gesamte Hofstaat inklusive der Gemächer einer adeligen Hausherrin, der meist getrennt von dem ihres Ehemanns geführt wurde. Zu diesem Frauenzimmer gehörten häufig mehr als 50 Männer und Frauen, von den Hofdamen und Zofen über die Köche und Knechte bis hin zu den Mägden und Narren. Für diesen Frauenhofstaat gab es eigene Spielregeln, die sogenannte Frauenzimmerordnung. Ab dem 17. Jahrhundert wurde der Begriff dann auch für einzelne Frauen verwendet und vor allem durch das Bänkellied »Sabinchen war ein Frauenzimmer« populär.

Warum sagt man, dass es schönes Wetter gibt, wenn man seinen Teller leer isst?

Generationen von Kindern (Sie und Ihr Nachwuchs vielleicht auch) wurden mit diesem Satz getrietzt: »Kind, iss auf, dann gibt es morgen schönes Wetter.« Und jetzt das: Diese Behauptung basiert nicht auf langfristigen Studien und anderen fundierten, wissenschaftlichen Erkenntnissen, sondern schlicht und einfach auf einem Missverständnis, einem Übersetzungsfehler! Im Plattdeutschen heißt es: »Wenn du dien Teller leer ittst, dann gifft dat morn goodes wedder!« Das »wedder« heißt übersetzt aber nicht Wetter, wie man – ich gebe es zu – durchaus annehmen könnte, sondern »wieder«. Somit meint der ganze Satz: »Wenn du deinen Teller leer isst, gibt es morgen Gutes wieder«, dass also dann wieder etwas Gutes zu essen auf dem Tisch stehen wird.

Warum sagt man, dass man etwas »auf Vordermann bringt«?

Was damit gemeint ist, ist – glaube ich – klar: Wenn man etwas auf Vordermann bringt, dann bringt man es in Ordnung. Aber was hat denn bitte schön ein »Vordermann« damit zu tun? Eigentlich ist die Erklärung ganz einfach, wenn man weiß, dass diese Redewendung aus der Militärsprache kommt. Damit die Truppe beim Antreten in Reih und Glied ganz ordentlich stand, musste sich jeder nach seinem Vordermann richten. Schon waren die Reihen gerade und im wahrsten Sinn des Wortes »auf Vordermann« gebracht.

Warum sagt man, etwas sei »alle«, wenn es leer oder nicht mehr verfügbar ist?

Bewiesen ist die Geschichte nicht, aber sie klingt schön und könnte sich tatsächlich so zugetragen haben, und deshalb erzähle ich sie Ihnen hier: An der Jungfernbrücke in Berlin sollen (irgendwann im 18., wahrscheinlich eher zu Beginn des 19. Jahrhunderts) zwei hugenottische Schwestern ihre Handarbeiten angeboten und verkauft haben, von Stickereien und Klöppelarbeiten ist da die Rede. Wenn ein Kunde ein bestimmtes Muster haben wollte und dieses gerade ausverkauft war, bekam er zur Antwort: »C'est allé«, was auf Deutsch so viel heißt wie: »Das ist ausgegangen« oder »aufgebraucht«. Aus dem französischen Wort »allé« kreierten die Berliner dann sehr schnell den Begriff »alle«.

Warum weint jemand »Krokodilstränen«?

Gemeint sind damit unechte, übertriebene, geheuchelte Tränen. Die Geschichte dazu ist wirklich uralt. Zum ersten Mal schriftlich belegt ist sie bei Plinius dem Älteren. Er war ein römischer Gelehrter und lebte von etwa 23 v. Chr. bis zum Jahr 79 n. Chr. und schrieb in seiner »Naturalis historia«, dass Krokodile ihren Opfern nachweinen und Trauer über ihre Beutetiere heucheln. Andere glaubten, dass die Tiere ihre Opfer anlocken, indem sie wie ein Kind weinen. Tatsächlich sondern Krokodile, Alligatoren und Kaimane beim Fressen Tränensekret ab, wobei bis heute nicht ganz klar ist, warum sie das tun. Vermutet wird, dass die Tränenflüssigkeit freigesetzt wird, wenn der Druck auf die Drüsen beim Öffnen des Mauls steigt.

Warum nennt der Berliner das Auto auch »Scheese«?

Dazu gibt es mehrere Theorien. Die eine besagt, dass dieser Begriff auf das englische Wort »chase« zurückgeht. In meinen Augen – und in denen vieler Sprachwissenschaftler – ergibt das aber keinen Sinn, denn »chase« heißt übersetzt »Jagd«, was mit einem Auto so gar nichts zu tun hat, und außerdem hat die englische Sprache im 18. und 19. Jahrhundert, als »Scheese« aufkam, in Berlin überhaupt keine Rolle gespielt. Sehr viel wahrscheinlicher geht das Wort auf die französische Sprache zurück, die sehr viel Einfluss auf die Berliner Mundart hatte. Möglich ist, dass das französische Wort »la chaise«, also »der Stuhl«, Namensgeber war, im übertragenen Sinne für die Kutsche als »fahrbarem Stuhl«. Noch wahrscheinlicher ist aber, dass der in Berlin lebende Hugenotte Philippe de Chieze als Namenspate fungierte. Er war Techniker und entwickelte einen sehr beliebten abgefederten Reisewagen. Im Volksmund wurde der Wagen nach seinem Erfinder benannt, und aus dem »Chieze« wurde ganz fix »Scheese«. Als Kutschen dann aus der Mode kamen, behielt man das Wort einfach für den Nachfolger, das Auto, bei.

Warum heißt die Automarke Audi »Audi«?

Wie würden Sie denn Ihre Marke nennen, wenn Sie – wie im Jahr 1910 der Audi-Unternehmensgründer August Horch – eine neue Firma gründen würden? Wahrscheinlich würden Sie auch auf die Idee kommen, da irgendwie Ihren Nachnamen mit hinein zu verwursten. Im Fall von August Horch hatte der Sohn eines Geschäftspartners die zündende Idee. Der gute Junge war offenbar ein cleveres Kerlchen und zudem gut in Latein, denn er übersetzte den Nachnamen Horch ins Lateinische. Das Verb »audire« heißt hören oder zuhören, und »audi« ist der Imperativ Singular dieses Verbs und bedeutet so viel wie »Hör zu!« oder eben »Horch!«. Nicht überliefert ist leider, ob der Junge für diese Idee in irgendeiner Form entlohnt wurde …

Warum heißen die arbeitsfreien Wochen im Jahr Urlaub?

Das Wort »Urlaub« geht zurück auf das althochdeutsche Wort »Urloub«, das seit dem achten Jahrhundert in Gebrauch ist. Dieses »Urloub« meinte die Erlaubnis, sich verabschieden und entfernen zu dürfen. Und in der Regel war es so, dass ein Ritter seinen Dienstherren um »Urloub« bat, um für ihn in den

Kampf zu ziehen oder seine Botschaften zu überbringen. Viele hundert Jahre später wurde das Wort dann auch für die genehmigte Auszeit in nichtadeligen Arbeitsverhältnissen angewendet. Schon Johann Wolfgang von Goethe benutzte diesen Begriff in einem Brief an Friedrich Schiller, in seinem Schreiben vom 10. Juni 1796 heißt es: »Ich genieße nun in meinem Haus den völligsten Urlaub!«[10]

Warum sagt man »Ich kenn doch meine Pappenheimer«?

Pappenheim ist eine kleine Stadt in Bayern, rund 70 Kilometer südlich von Nürnberg, in der zurzeit gut 4000 Menschen leben. Das Zitat mit den Pappenheimern geht zurück auf ein Drama von Friedrich Schiller. In dem sagt der Feldherr Wallenstein den Satz »Daran erkenn ich meine Pappenheimer« zu Soldaten, die von einem Grafen aus Pappenheim angeführt werden. Anders als heute war dieser Satz nicht ironisch oder in irgendeiner Form abwertend gemeint, sondern absolut positiv. Der Feldherr Wallenstein fand nämlich, dass sich die Soldaten vorbildlich verhalten hatten.

Warum nennt man ein kleines, langsames Auto »Nuckelpinne«?

Der Duden sagt dazu leider recht wenig, da steht nur »Herkunft ungeklärt«, und es wird vermutet, dass »Pinne« für »etwas Kleines« steht und mit »nuckeln« die langsame Bewegung gemeint ist. Aber es gibt zum Glück auch noch schlaue Internetseiten, auf denen die Herkunft von skurrilen Wörtern oder

Redewendungen erklärt wird, und auf einer steht zu lesen, dass der Begriff »Nuckelpinne« auf den deutschen Humoristen Ferdinand Weisheitinger, genannt »Weiß Ferdl«, zurückgeht. Dieser Volksschauspieler, Sänger und Alleinunterhalter lebte von 1883 bis 1949. In den 30er-Jahren des 20. Jahrhunderts schrieb und führte er den sogenannten Kurvendialog auf, darin bezeichnete er einen kleinen Hanomag als »Nuckelpinne«. Warum er das tat und wie er auf das Wort kam, ist leider nicht überliefert.[11] Übrigens: Dieser Hanomag war der erste deutsche Kleinwagen, der ab 1925 auf dem Fließband entstand. Er wog nur 370 Kilogramm, erreichte eine Spitzengeschwindigkeit von 60 Stundenkilometern, hatte einen Verbrauch von 34 Litern auf 100 Kilometern und sah alles in allem recht ulkig aus: Er hatte nämlich vorne nur einen Scheinwerfer, die sonst üblichen Kotflügel und Trittbretter fehlten, um Platz für die Insassen zu gewinnen. Und aus Gründen der Stabilität hatte der Hanomag nur auf der linken Seite eine Tür. Im Volksmund wurde dieses kastige Minigefährt mit seinen zehn PS übrigens auch gerne »Kommissbrot« genannt und die Bauweise wie folgt beschrieben: »Zwei Kilo Blech, 'ne Dose Lack – fertig ist der Hanomag.«

Warum nennt man das Zehn-Cent-Stück auch »Groschen«?

Seinen Namen verdankt der Groschen entweder dem italienischen »denaro grosso« beziehungsweise der lateinischen Bezeichnung »grossus denarius« – ganz geklärt ist das bis heute nicht –, aber beides heißt zu Deutsch »dicker Denar«. Der

Groschen war ursprünglich eine feste Einheit im sogenannten Karolingischen Münzsystem, das ab dem Jahr 800 galt. Bei der Einführung dieses Münzsystems wurde festgelegt, dass aus einem Pfund Silber genau 240 Pfennige oder 20 Groschen zu prägen sind. Ein Groschen war demzufolge 12 Pfennige wert. Als 1871 in Deutschland die Mark eingeführt wurde, entschied man sich für eine sogenannte Dezimalwährung. Das bedeutet, die Hauptwährungseinheit wird nach Zehnerpotenzen in eine oder mehrere Untereinheiten geteilt. Im Zuge dessen fiel der Groschen als eigenständige Münzeinheit weg, aus Gewohnheit wurde die Zehn-Pfennig-Münze – und nach der Euro-Einführung das Zehn-Cent-Stück – vom Volksmund aber weiterhin Groschen genannt. Übrigens gab es, bevor in Deutschland 1871 die Mark zu 100 Pfennigen eingeführt wurde, im deutschsprachigen Raum auch eine Münze im Wert von sechs Pfennigen (das entsprach einem halben Groschen), und diese Münze wurde »Sechsling« oder »Sechser« genannt. Als man sich 1871 vom sogenannten Karolingischen Münzsystem verabschiedete und die Mark à 100 Pfennige einführte, wurde die Bezeichnung »Sechsling« oder »Sechser« auf das wertgleiche Fünf-Pfennig-Stück – und dementsprechend auf die heutige Fünf-Cent-Münze – übertragen.

Warum heißt der Kaiserschnitt eigentlich »Kaiserschnitt«?

Der römische Schriftsteller Plinius der Ältere behauptete, dass niemand Geringeres als der römische Herrscher Julius Caesar aus dem Bauch seiner Mutter geschnitten wurde. Das Wort »Caesar« entwickelte sich im Deutschen zu »Kaiser«, und somit scheint es logisch, dass der Kaiserschnitt ihm auch seinen Namen verdankt. Das Problem ist nur: Höchstwahrscheinlich handelt es sich nur um eine Legende. Denn diese operative Geburtshilfe durfte nach römischem Recht nur an verstorbenen Frauen vorgenommen werden, Caesars Mutter lebte nach seiner Geburt aber noch viele Jahre munter weiter. Wahrscheinlicher ist, dass der Begriff im Mittelalter aufkam und auf das lateinische Verb »caedere« zurückgeht, was »schneiden« bedeutet. Babys, die auf diese Weise zur Welt kamen, wurden auch »caesones« genannt, das heißt übersetzt »Schnittlinge«. Später hat man sich aber nur noch an die Geschichte von Julius Caesar erinnert und ihn zum alleinigen Namenspatron des Kaiserschnitts gekürt.

Übrigens: Nach so einem Eingriff starben die Mütter in der Regel an inneren Blutungen oder Infektionen, den ersten auch für die Mutter erfolgreichen Kaiserschnitt soll im 15. Jahrhundert der Schweizer Jacob Nufer an seiner eigenen Frau durchgeführt haben.

Warum sagt man »Kaiserwetter«?

Was damit gemeint ist, ist jedem von uns klar: Mit Kaiserwetter bezeichnet man einen strahlend blauen, wolkenlosen Himmel und Sonne satt. Diese Redensart verdanken wir Kaiser Wilhelm II., der von 1859 bis 1941 lebte. Er war bekannt dafür, bei Freiluftveranstaltungen nur dann zu erscheinen, wenn das Wetter entsprechend sonnig und trocken war. Vermutet wird, dass der Kaiser nicht nur wasserscheu, sondern auch sehr an guten Fotos seiner Person interessiert war. Denn nur bei klarem, sonnigem Wetter konnte man passable Bilder machen, bei Regen waren aufgrund der damals noch sehr begrenzten technischen Möglichkeiten keine Aufnahmen möglich.

Warum sagt man: »Schreib dir das hinter die Ohren«?

Wenn man heute zu jemandem sagt: »Schreib dir das hinter die Ohren«, ist das meist als eine Zurechtweisung gemeint. Jemand hat etwas falsch gemacht, wird dafür ausgeschimpft und anschließend darauf hingewiesen, dass er es beim nächsten Mal gefälligst unterlassen oder besser machen soll. Im Mittelalter hatte das Ganze aber eine andere Bedeutung. Bei bestimmten Ereignissen wurden die beteiligten Menschen nicht geohrfeigt, weil sie etwas falsch gemacht hatten, sondern weil sie sich möglichst lange an diesen wichtigen Moment erinnern sollten. Ritter bekamen zum Beispiel beim Ritterschlag eine gewischt, weil sie das abgelegte Gelübde nicht vergessen sollten. Und noch bis ins 19. Jahrhundert hinein nahm man bei der Festlegung von Grenzen die Kinder der verhandelnden Personen mit und gab ihnen an den Grenzpunkten eine saftige Ohrfeige. Man »schrieb« ihnen mit dem Schmerz quasi die Erinnerung »hinter die Ohren« und damit ins Gedächtnis. Damit wollte man sicherstellen, dass es auch nach vielen Jahren noch lebende Zeugen dieser Regelung geben würde.

Warum heißt der Flohwalzer »Flohwalzer«?

Dafür habe ich neulich eine ganz großartige Begründung gehört, die ich Ihnen hier unbedingt weitergeben möchte, obwohl sich das Ganze bei genauerer Recherche leider als Falschmeldung entpuppte. Angeblich – also nach dem, was ich gehört habe und was man fälschlicherweise an vielen Stellen auch so nachlesen kann – hat der Flohwalzer nix mit Flöhen zu tun, sondern wurde von einem sechsjährigen Jungen namens Ferdinand Loh, abgekürzt F. Loh = Floh, komponiert. Diese Geschichte ist leider frei erfunden, und zwar von dem Musikwissenschaftler Eric Baumann, der darüber eine satirische Abhandlung schrieb. Wer den Flohwalzer erfunden hat und warum er so heißt, ist leider nicht bekannt. Sicher scheint zu sein, dass er vor etwa 100 Jahren in Deutschland komponiert wurde und sich von da aus in alle Welt verbreitet hat. Und anderswo hat der Name übrigens oft gar nichts mit Flöhen zu tun, in Russland kennt man die Melodie unter dem Titel »Hundewalzer«, auf Mallorca ist es die »Polka der Dummköpfe«, und in Japan heißt das Stück »Ich bin auf die Katze getreten«.

Warum sagt man »Ich mach drei Kreuze«?

Sie haben es sich wahrscheinlich auch schon gedacht: Das »Drei-Kreuze-Machen« hat irgendwas mit Kirche, Glauben und dem Christentum zu tun. Es war und ist ein typisch katholisches Ritual, sich zu bekreuzigen. Dieses Sich-selbst-mit-dem-Kreuzzeichen-Segnen machte man früher nicht nur, wenn man (zum Beispiel) eine Kirche betrat, sondern auch, wenn etwas Schlimmes passiert war. Und wenn es *besonders* schlimm war, machte man es dreimal, nach dem Motto: »Aller guten Dinge sind drei!« Möglich ist aber auch folgende – weniger fromme – Theorie: Früher konnten die wenigsten Leute schreiben. Wenn es einen Vertrag oder ähnlich wichtige Dokumente zu unterschreiben gab, setzte man unter den Text statt seines Namens einfach drei Kreuze. Das heißt: Wenn man seine drei Kreuze gemacht hatte, war etwas definitiv abgeschlossen.

Warum sagt man, dass jemand »zur Minna« gemacht wird?

Diese Redewendung stammt aus dem 19. Jahrhundert. Damals war der beim einfachen Volk beliebteste Name für neugeborene Mädchen »Wilhelmine«, was wohl ein Ausdruck der Verehrung für Kaiser Wilhelm I. war, der von 1797 bis 1888 lebte. Die Koseform von Wilhelmine war Minna. Da viele Dienstmädchen Minna hießen, wurde der Name zum Synonym für alle weiblichen Hausangestellten. Und weil diese von ihren »Herrschaften« häufig schlecht behandelt wurden, entstand der Ausdruck, dass man »zur Minna« gemacht wird, wenn jemand einen herunterputzt.

Warum plaudert man »aus dem Nähkästchen«?

Diese Redewendung stammt aus dem Mittelalter, als Männer noch weniger mit Nadel und Faden am Hut hatten als heute. Damals versteckten viele Frauen ihre Geheimnisse im Nähkästchen, weil sie sicher sein konnten, dass ihre Ehemänner da ganz bestimmt nicht rangehen würden. Die Damen, die es mit der Treue nicht so genau nahmen, wenn der Gatte arbeits- oder kriegsbedingt länger von zu Hause weg blieb, bewahrten dort die Briefe ihrer Liebhaber auf. Und wenn man solch einen Brief seiner Freundin vorlas, dann plauderte man eben »aus dem Nähkästchen«.

Warum heißen Strafzettel auch »Knöllchen«?

Ein Strafzettel ist – ganz förmlich ausgedrückt – ein Protokoll über das Vergehen eines Autofahrers. Im Rheinland soll aus dem Wort »Protokoll« die Verniedlichung »Protoköllsche« entstanden sein. Und daraus dann wiederum der Begriff »Knöllsche«. Im Rest der Republik übernahm man das Wort, allerdings sprach man es eher »hochdeutsch« aus, man sagte also nicht »Knöllsche«, sondern »Knöllchen« – und sagt es heute immer noch.

Warum sagt man »dumme Gans«?

Eine hundertprozentig stichhaltige Begründung kann ich Ihnen dafür leider nicht liefern, wohl aber das Folgende: Das Vorurteil von der »dummen Gans« mag darauf basieren, dass Gänse immer in einer größeren Schar und ständig schnatternd unterwegs sind und sich zu Fuß etwas schwerfällig bewegen. Sieht nicht besonders clever aus, muss also dumm sein. Das scheint auch der gute Johann Wolfgang von Goethe gedacht zu haben, denn der sagte 1809: »Junge Gänschen sehen so altklug aus, besonders um die Augen, so vielgelebt, und werden doch mit jedem Tag wie größer, so dümmer.«[12] Dabei ist erwiesen, dass Gänse und ihr Verhalten mitnichten dumm sind. Nehmen wir zum Beispiel die Art und Weise, in der Gänse im Herbst in den Süden fliegen. Durch die charakteristische V-Formation kann der Schwarm um 71 Prozent effektiver fliegen, als wenn jedes einzelne Tier so vor sich hin flöge. Durch den Flügelschlag jeder Gans und den dadurch erzeugten Aufwind kann das dahinter fliegende Tier leichter vorankommen. Wenn die Leitgans, die ja niemanden vor sich hat, müde wird, fliegt sie weiter nach hinten, um sich auszuruhen, und eine andere nimmt die Führungsposition ein. Außerdem sind Gänse so schlau, sich beim langen, anstrengenden Flug gegenseitig zu motivieren: Die Vögel, die in der V-Formation weiter hinten fliegen, schreien, um die vorne fliegenden anzufeuern, damit diese das Tempo halten. Also von wegen »dumme Gans«!

Warum heißt der Schwarzwald »Schwarzwald«?

Tatsächlich hieß der Schwarzwald nicht immer so. Kurz nach dem Beginn unserer Zeitrechnung – um circa 100 n. Chr. – hat der römische Geschichtsschreiber Tacitus in einer seiner Schriften den Schwarzwald »Abnobae« genannt, was so viel heißt wie »bei der Waldgöttin Abnoba«. Zur Erklärung: Die keltische Muttergöttin Abnoba galt als Beschützerin des Waldes, des Wildes und der Quellen. »Abnoba mons« war in der Antike ebenfalls eine gängige Bezeichnung für den Schwarzwald. Das St. Galler Urkundenbuch erwähnt im Jahr 868 n. Chr. dann erstmals den »saltu svarzwald«, wobei man dazu sagen muss, dass im Frühmittelalter mehrere Gebiete mit hoch gelegenen Nadelwäldern so bezeichnet wurden. Später wurde dann nur noch das Gebiet im Südwesten Baden-Württembergs »Silva nigra«, also Schwarzwald, genannt, aber nicht, weil es da so gespenstisch-düster und unwirtlich war, wie viele glauben, sondern einfach im Sinne von »tannenreicher, fichtenreicher« Wald. Im 18. Jahrhundert wurde der Schwarzwald dann übrigens tatsächlich schwarz: Nachdem man die Tannen und Buchen abgeholzt hatte, um die Staatsfinanzen aufzubessern, musste man schnell einen neuen Wald anpflanzen, um die Verkarstung der Böden zu verhindern. Man entschied sich für Fichten, weil sie anspruchslos sind, nur flach wurzeln und schnell wachsen. Diese Nadelbäume lassen dicht gepflanzt nur wenig Licht durch, und somit wurde es im Schwarzwald in der Tat ziemlich düster und »schwarz«.

Warum sagt man eigentlich »Kreißsaal«?

Die Bezeichnung Kreißsaal leitet sich ab vom mittelhochdeutschen Verb »krîzen«, was so viel heißt wie »schreien« oder »stöhnen«. Auch das Wort »kreischen« stammt vom Wort »krîzen« ab. Insofern kann man durchaus sagen, dass es sich beim Kreißsaal um einen »Kreischraum« handelt. Und jeder, der schon mal aktiv oder passiv bei einer Geburt dabei war, weiß: Da ist was Wahres dran.

Warum sagt man, dass »alles in Butter« sei?

Diese Redewendung stammt aus dem Mittelalter, und wir verdanken sie einem äußerst pfiffigen Menschen. Damals wurden teure, geschliffene Gläser von Venezien über die Alpen nach Deutschland transportiert, und oft genug gingen die feinen Gläser auf der ruckeligen Fahrt kaputt. Ärgerlich, so was. Aber da gab es ja den besagten pfiffigen Menschen, der auf die schlaue Idee kam, die Gläser in flüssige Butter einzugießen. Die Butter wurde fest, die Gläser waren fixiert und konnten nicht kaputtgehen, selbst wenn die Transportkiste vom Wagen fiel.

Warum sagt man »alles Roger«?

Dieser Spruch stammt aus der Fliegersprache, und zwar aus der des englischsprachigen Raumes. Dort gibt es die Buchstabiertafel »Joint Army/Navy Phonetic Alphabet«. Und ähnlich wie wir Anton, Berta, Caesar, Dora und so weiter benutzen, wenn wir in der deutschen Sprache zweifelsfrei buchstabieren wollen, wird in dem besagten englischen Alphabet das R mit »Roger« bezeichnet. Roger steht in der Fliegersprache für »received«, was so viel wie »erhalten« oder »empfangen« bedeutet. Wenn »alles Roger« ist, ist also alles empfangen worden, es ist somit in Ordnung!

Warum sagt man »Der Rubikon ist überschritten«?

Der Rubikon (italienisch: »Rubicone«) ist ein kleiner Fluss, der etwa 40 Kilometer nordöstlich von Florenz entspringt und südlich von Ravenna in die Adria mündet. Zu Zeiten des Römischen Reiches markierte dieser Fluss die Grenze zwischen der römischen Provinz Gallia cisalpina (Das ist ungefähr das Gebiet, das heute Norditalien und dem kroatischen Teil von Istrien entspricht.) und dem Rest Italiens. Julius Caesar überschritt am 10. Januar 49 v. Chr. mit einem Heer von etwa 5000 Soldaten den Rubikon in Richtung Rom, was rechtlich einer Kriegserklärung an den römischen Senat gleichkam. Dieser hatte drei Tage zuvor beschlossen, dass Julius Caesar erst seine Legionäre entlassen und seine Befehlsgewalt niederlegen müsse, bevor er nach Rom kommen und erneut für das Konsulat kandidieren dürfe. Caesar wusste, dass er mit dem Überschreiten des Rubikon seinen Gegenspieler Pompeius herausforderte und es ab diesem Zeitpunkt kein Zurück mehr geben würde.

Und deshalb sagt man heute noch, wenn man ein Tabu bricht oder einen entscheidenden Schritt macht, der nicht mehr rückgängig gemacht werden kann, dass »der Rubikon überschritten ist«.

Übrigens, beim Überqueren des Flusses soll Caesar auch den berühmten Ausspruch »alea iacta est« – »der Würfel ist gefallen« – getan haben. Und der Vollständigkeit halber sei außerdem noch erwähnt, dass er erfolgreich war: Er schlug mit seinen Truppen den Feind und erklärte sich daraufhin zum Imperator auf Lebenszeit.

Warum sagt man, dass jemand eine »Rabenmutter« sei?

Wenn Frauen als Rabenmütter oder Männer als Rabenväter bezeichnet werden, soll damit ausgedrückt werden, dass diese Eltern ihren Job nicht ordentlich machen und ihre Kinder schlecht behandeln. Dabei sind gerade Raben großartige Eltern, die sich rührend um ihren Nachwuchs kümmern. Erst sitzt die Vogelmama drei Wochen lang im Nest und brütet. Anschließend hockt sie weitere zwei Wochen am Stück bei ihren geschlüpften Jungen und wärmt sie. Sie frisst erst, wenn sie das vom Vater gelieferte Futter an die Kleinen verfüttert hat und diese satt sind. Und erst wenn die Rabenkinder dazu in der Lage sind, sich selbst Nahrung zu suchen (etwa im Alter von vier bis fünf Monaten!), heißt es von den Eltern Abschied nehmen. Allerdings versuchen viele Jungvögel auch dann noch, von den Eltern Futter zu erbetteln. Kann man ja auch verstehen, denn das ist schließlich viel einfacher, als sich selbst auf die Suche zu machen. Damit sie aber lernen, selbstständig zu leben, verweigern Vater und Mutter ihnen dieses Futter. Das

Gerücht, dass Raben schlechte Eltern seien, haben wohl Menschen in die Welt gesetzt, die die Tiere bei dieser erzieherischen Maßnahme beobachtet haben.

Warum »springt man im Dreieck«?

Ab 1842 wurde im Berliner Stadtteil Moabit das 30 000 Quadratmeter große »Preußische Mustergefängnis« errichtet. Diese Haftanstalt galt als besonders modern und aufgeklärt, weil die Häftlinge dort nicht mehr in großen Gemeinschafts-, sondern in Einzelzellen untergebracht wurden. Durch die Isolation wollte man verhindern, dass sich die Gefangenen gegenseitig negativ beeinflussten. Aus diesem Grund gab es auch keinen Gemeinschaftshof, sondern kleine, dreieckige Spazierhöfe, keine zehn Quadratmeter groß. Bei den Häftlingen hieß der Rundgang in diesen tortenstückförmigen Höfen bald nur noch »im Dreieck springen«. Wer die völlige Isolation nicht aushielt und verrückt wurde, landete schließlich in der Irrenanstalt des Gefängnisses. Deshalb sagt man heute, wenn man ausdrücken möchte, dass man ausflippen oder verrückt werden könnte, manchmal noch: »Ich glaub, ich spring im Dreieck!«

Warum heißt das Andreaskreuz »Andreaskreuz«?

Wie das Andreaskreuz aussieht, haben Sie sicherlich vor Augen: Das ist ein weißes X mit roten Spitzen. Es weist vor Bahnübergängen darauf hin, dass man »dem Schienenverkehr Vorrang gewähren« muss. Seinen Namen verdankt es dem Apostel Andreas, allerdings aus einem traurigen Grund: Er soll an einem Kreuz mit dieser speziellen X-Form gekreuzigt worden sein.

MACHT MAN SO

Jede Wette: Sie haben Freunden auch schon mal Brot und Salz zum Umzug geschenkt. Oder halten die Hand vor den Mund, wenn Sie gähnen müssen. Und wenn Sie der Dame Ihres Herzens Blumen schenken wollen, kaufen Sie rote Rosen und nicht einen Topf Primeln (sollten Sie zumindest, wenn Sie nicht komisch angeguckt werden wollen). Viele Dinge »macht man so«, meist ohne zu wissen, woher dieser Brauch eigentlich kommt. Und ein paar dieser Bräuche werden hier etwas genauer beleuchtet.

Warum ist Kleidung für Männer rechts- und für Frauen linksgeknöpft?

Die für Männer übliche Knöpfung entwickelte sich ungefähr im 16. Jahrhundert, einer Zeit, als die Herren noch Schwerter und Degen benutzten. Die meisten Menschen sind Rechtshänder, und deshalb hat man – quasi aus ergonomischen Gründen – das Schwert an der linken Hüfte getragen. Beim Ziehen der Waffe mit der rechten Hand hätte sich das Schwert bei einer Linksknöpfung im Mantel verheddert. Außerdem haben die Männer ihre rechte Kampfhand am liebsten warm gehalten, indem sie sie wie Napoleon zwischen den Knöpfen hindurch in den Mantel steckten. Und das funktionierte auch nur bei einer Rechtsknöpfung. Bei Frauen werden die Blusen links geknöpft, weil sich früher nur reiche bürgerliche Damen dieses Kleidungsstück leisten konnten. Diese Damen hatten auch das nötige Kleingeld, um Zofen zu beschäftigen, die ihnen beim Anziehen und Zuknöpfen der Blusen halfen. Da auch die Zofen überwiegend Rechtshänderinnen waren, hat man die Knöpfe so angebracht, dass sie von den Zofen mit der rechten und die Löcher mit der linken Hand gehalten werden konnten.

Warum tragen Ärzte weiße Kittel?

Noch Mitte des 19. Jahrhunderts war das nicht so. Da trugen alle Ärzte schwarze Gehröcke oder, wenn sie beim Militär waren, Uniform. Im Klartext: Es gab keine wirkliche Arbeitskleidung für Ärzte, man trug einfach die Sachen, die man sowieso morgens aus dem Schrank gefischt hätte. Kurz vor der Jahrhundertwende kam man dann auf die Idee, dass Bakterien und Viren nicht nur über ungewaschene Hände übertragen werden könnten, sondern auch an den Kleidern hingen. Um Keime abzutöten, muss man das Kleidungstück auskochen, was schwarzen Sachen nicht guttut, da sie dann ausbleichen. Also trug man fortan darüber nur noch weiße Kittel. Das Ganze hat übrigens noch einen anderen Vorteil: »Halbgott in Schwarz« klingt irgendwie blöd …

Warum tragen Ärzte im OP grüne oder blaue Kittel?

Im Operationssaal sind die typischen weißen Arztkittel aus mehreren Gründen extrem unpraktisch. Zum einen blendet Weiß unter dem grellen OP-Licht und lenkt von der Wunde ab. Zweitens erzeugt Weiß sogenannte Nachbilder. Das kennen Sie, wenn Sie schon mal in die Sonne oder in eine sehr helle Lampe geguckt haben. Wenn der Arzt vom roten Blut auf eine weiße Fläche blicken würde, dann würde er dort die Umrisse der OP-Wunde immer noch als Schattenbild sehen. Dieser Effekt ist sehr anstrengend für den Operateur, er soll sogar Übelkeit verursachen, und tritt bei grünem oder blauem Stoff kaum auf. Drittens färbt sich weißer Stoff, wenn er blutig wird, ebenfalls blutrot und kann somit viel leichter in der Operationswunde »verschwinden«. Farbiger Stoff wird dagegen einfach nur dunkler. Und schlussendlich ist Grün nicht nur die Farbe der Hoffnung (zum Beispiel darauf, dass die Operation gut ausgehen möge), sondern wirkt außerdem beruhigend. Was ja die angenehme Wirkung hat, dass der Arzt entspannt ist und nicht wie ein aufgescheuchtes Huhn an seinem Patienten herumschnibbelt.

Warum klopft man auf Holz, wenn man hofft, dass einem das Glück hold bleibt?

Für diesen Brauch gibt es – wie so oft – mehrere Erklärungsansätze. Der älteste geht zurück auf die Zeit, als die meisten Menschen noch an böse Geister und Dämonen glaubten. Um sie zu vertreiben oder um sie nicht hören zu lassen, wenn man über etwas Schönes oder Geglücktes sprach (das sie dann vielleicht zerstören würden), machte man Lärm, indem man auf Holz klopfte. Deutung Nummer zwei geht auf die Tatsache zurück, dass früher jeder verfolgte Mensch in einer Kirche Asyl finden konnte, weil der geweihte Boden als »neutrales« Gebiet angesehen wurde. Um diesen Schutz zu erhalten, musste man nicht zwingend im Kircheninneren sein, es reichte schon, wenn ein Flüchtender die hölzerne Kirchentür mit der Hand berührte. Erklärungsansatz Nummer drei: Im Mittelalter brachten Kreuzfahrer aus dem Heiligen Land angebliche Splitter vom Kreuz Jesu mit nach Hause. Diese Holzstücke wurden als Reliquien verehrt, und man glaubte, allein die Berührung bringe Glück. Später nahm man an, dass man genau die gleiche Wirkung erzielen könne, wenn man irgendein Stück Holz berührte und dabei an das Kreuz Christi dachte. Schlussendlich gibt es sogar noch einen vierten möglichen Grund, der zur Abwechslung nichts mit Glauben oder Kirche zu tun hat: Früher prüften Bergarbeiter vor dem Betreten der Stollen das Holz der Stützbalken und Matrosen vor dem Anheuern auf einem Schiff den Mast, indem sie darauf klopften. Wenn der Klang dumpf war, war das ein Hinweis auf altes, morsches Holz, und man tat gut daran, sich einen anderen Arbeitsplatz zu suchen. War der Klang hell und sauber, konnte man ohne Sorge dort arbeiten, denn der Zustand des Holzes war gut.

Warum hält man sich beim Gähnen die Hand vor den Mund?

Das weiß doch jedes Kind, werden Sie jetzt sagen: Weil sich das so gehört, weil es höflich ist und weil nicht die ganze Welt sehen muss, wie gut oder schlecht es um die eigene Zahngesundheit bestellt ist. Tatsächlich geht dieser Brauch aber auf unsere abergläubischen Vorfahren zurück. Die alten Griechen und auch die Maya waren zum Beispiel der Meinung, dass die Seele durch den geöffneten Mund davonfliegen könne. In unseren Breitengraden dachte man dagegen, dass beim Gähnen nichts entfleuche, sondern – fast noch schlimmer – Teufel und Dämonen durch den geöffneten Mund in den Körper eindrängen. Um sich davor zu schützen, hielt man sich beim Gähnen den Mund zu.

Warum haben manche Leute einen Fisch-Aufkleber auf ihrem Auto?

Dieser Aufkleber soll sagen: »Der Fahrer dieses Autos ist Christ!« Ursprünglich war der Fisch ein geheimes Erkennungszeichen für Christen untereinander. Es stammt aus der Zeit der Christenverfolgung unter dem römischen Kaiser Nero. Wenn man damals einem anderen Menschen halbwegs gefahrlos mitteilen wollte, dass man Christ sei, und herausfinden wollte, ob der andere es auch sei, malte man einen Bogen auf die Erde. Wenn der andere auch Christ war, malte er ebenfalls einen Bogen – und zwar so, dass aus beiden Bögen das Fischsymbol entstand. Außerdem ergeben die Anfangsbuchstaben der griechischen Wörter für »Jesus, Christus, Gottes Sohn, Retter« das Wort »Ichthys«, was übersetzt ebenfalls »Fisch« heißt. Und nicht zuletzt bezeichnet Jesus sich und seine Jünger in der Bibel, genauer gesagt im Matthäus-Evangelium, als »Menschenfischer«. Also: Drei gute Gründe, sich als Christ einen Fisch aufs Auto zu kleben.

Warum ist der rote Teppich eigentlich rot?

In der griechischen Mythologie rollt Klytaimnestra, übrigens die Schwester der schönen Helena, ihrem Mann Agamemnon einen roten Teppich aus, als jener aus Troja heimkehrt. Agamemnon will den Teppich aber nicht betreten, weil er Angst hat, damit die Götter zu verärgern. Bei den alten Ägyptern war Rot ebenfalls die Farbe der Götter, genauer gesagt, die der Göttergewänder. Und auch bei den Römern durfte nicht jeder Hinz und Kunz Rot tragen, die Farbe war einzig und allein dem (gottgleichen) Kaiser vorbehalten. Mal ganz abgesehen davon, dass sich auch nur der Kaiser rote Gewänder leisten konnte. Die Farbe wurde nämlich aus Purpurschnecken gewonnen, und um 1,5 Gramm Farbstoff zu erhalten, mussten sage und schreibe 12 000 Schnecken ihr Leben lassen. Und weil noch bis ins fünfte Jahrhundert Privatleuten der Besitz von roten Gewändern strikt verboten war und die Farbe über Jahrhunderte als »machtvoll« galt, sind die Teppiche bei Preisverleihungen, Premieren und so weiter eben rot.

Warum ist das Herz ein Symbol für die Liebe?

Ursprünglich war gar nicht das Herz das Symbol für die Liebe, sondern ein Blatt. In vielen Kulturen – bei den alten Römern und Griechen zum Beispiel – stand das Feigenblatt für die Geschlechtervereinigung, Efeu symbolisierte die ewige Liebe, weil es ein sehr langlebiges Gewächs ist. Schon vor gut 5000 Jahren haben Töpfer Vasen hergestellt, auf die stilisierte Efeublätter gemalt wurden. In der Minneliteratur des 12. und 13. Jahrhunderts tauchten dann in vielen Illustrationen der Liebeszenen ebenfalls solche stilisierten Efeublätter auf, und diese wurden schon bald in roter Farbe gemalt, weil auch Rot sich zur Symbolfarbe der Liebe entwickelte. Und weil für viele Menschen die Liebe im Herzen wohnt – man spricht ja von Herzschmerzen oder einem gebrochenen Herzen bei Liebeskummer, man hat Herzklopfen, wenn man verliebt ist –, wurde aus dem ursprünglich grünen Blatt ein rotes Herz als Symbol für die Liebe.

Warum schenken Verliebte Rosen?

Zugegebenermaßen wären manche Frauen froh, wenn sie von ihrer besseren Hälfte irgendwelche Blumen geschenkt bekämen, ganz egal ob Tulpen, Nelken oder Gänseblümchen. Aber Rosen – vor allem rote Rosen – sind natürlich der Klassiker, diese Blumen schenkt man üblicherweise nicht der Schwiegermutter oder der Kollegin, sondern der Dame seines Herzens. Das liegt zum einen an der Liebesgöttin Aphrodite, deren Symbol im Altertum – Sie ahnen es – die Rose war. Zum anderen erschien 1280 der sogenannte Rosenroman. In sage und schreibe 22 068 paarweise reimenden achtsilbigen Versen wurde darin ein Traum – ein sehr, sehr langer Traum – erzählt, in dem sich der Protagonist in eine Rose (als Sinnbild für die Frau) verliebt und nach vielen Irrungen und Wirrungen auch mit ihr zusammenkommt.

Warum tragen Bräute weiße Kleider?

Das war tatsächlich nicht immer so: Die Römerinnen trugen beim »Ja, ich will!«-Sagen gelbe Tuniken, im Mittelalter waren rote, blaue oder grüne Kleider aus Brokat mit kostbaren Stickereien und Edelsteinen der letzte Schrei, und gegen Ende des 16. Jahrhunderts setzte sich dann Schwarz durch. Einmal, weil es als chic galt, zum anderen, weil es auch für das Bürgertum praktisch war: Man konnte ein schwarzes Kleid leicht reinigen und zu jedem Festtag wieder aus der Truhe holen. Die Idee, ein weißes Kleid zu tragen, hatte angeblich zuerst Maria de' Medici, die um das Jahr 1600 herum ein weißes Brautkleid trug. Bis zum Ende des 18. Jahrhunderts sah man allerdings nur ganz vereinzelt Bräute komplett in Weiß, einfach, weil sich solch einen Luxus kaum jemand leisten konnte. Erst im Lauf des 19. Jahrhunderts, als durch die Industrialisierung Stoffe rein mechanisch hergestellt werden konnten und dadurch deutlich billiger wurden, setzte sich das weiße Brautkleid immer mehr durch. Ein weiterer Grund dafür: Weiß galt – und gilt auch heute noch! – als Symbol der Jungfräulichkeit, der Reinheit und der Unschuld.

Warum tragen Köche so hohe Kochmützen?

Schuld an dieser recht ulkigen Berufsbekleidung ist eine gemeine Kopflaus, die sich im Jahr 1727 entschied, den haarigen, warmen Kopf des Koches, auf dem sie bislang gelebt hatte, zu verlassen und ein paar Runden in der Suppe von Georg II. von England zu schwimmen. Georg II. fand das – verständlicherweise – ziemlich unappetitlich und befahl seinen Köchen, fortan eine Glatze und eine Haube zu tragen. Diese Haube war anfangs wenig formschön, hing den Köchen seitlich vom Kopf und wurde deshalb auch gerne »Pilz« genannt. Als Erfinder der steifen Kochmütze gilt der Franzose Marie-Antoine Carême. Der war Chefkoch und wollte sich von seinen untergebenen

Köchen optisch absetzen. Also bastelte er einen Papierring in seine schlappe Kappe, die fortan fest und steil nach oben ragte. Weil andere Köche das chic fanden und sich ebenfalls wichtig fühlen wollten, machten sie es Marie-Antoine Carême nach, und zwar offensichtlich bis heute.

Warum tragen wir unsere Armbanduhren für gewöhnlich links?

Armbanduhren mussten lange Zeit von Hand aufgezogen werden. Erst in den 1970er-Jahren setzten sich die batteriebetriebenen Quarzuhren immer mehr durch. Dieses Aufziehen der Uhren machte man für gewöhnlich mit seiner »starken« Hand, das heißt: Rechtshänder mit ihrer rechten Hand und Linkshänder mit der linken. Da 85 bis 90 Prozent aller Menschen Rechtshänder waren und sind, zogen die meisten Menschen ihre Uhr also mit der rechten Hand auf, und das ging nur, wenn man die Uhr am linken Arm trug. Heute könnte man auch als Rechtshänder seine Uhr völlig problemlos am rechten Handgelenk tragen, aber der »Brauch«, die Uhr links zu tragen, ist so »gelernt« und hat sich so durchgesetzt, dass er auch heute noch von den meisten Menschen angewendet wird.

Warum wünscht man einem Niesenden »Gesundheit«, einem Hustenden aber nicht?

Eine gute, aber auch schwierige Frage, weil es auf sie keine eindeutige Antwort gibt. Zumindest habe ich auch nach langem Suchen keine gefunden! Die für mich plausibelste Entstehungstheorie zu diesem Brauch ist die, dass Erkältungen meist mit einem Schnupfen beginnen. Wenn jemand niest, wünscht man ihm »Gesundheit«, in der Hoffnung, dass er nicht wirklich krank wird. Wenn jemand einen Husten hat, hat es ihn schon voll erwischt, somit käme der Wunsch zu spät. Warum man hustenden Menschen dann aber nicht automatisch »gute Besserung« wünscht, erschließt sich mir nicht ganz.

Übrigens hat es die Etikette früher vorgeschrieben, einem Niesenden »Gesundheit« zu wünschen, mittlerweile ist das veraltet. Die Benimmregeln schreiben inzwischen vor, dass man darüber höflich hinweggehen sollte. Derjenige, der niesen musste, sollte sich bei seinen Mitmenschen entschuldigen.

Warum schenkt man Leuten, die gerade umgezogen sind, Brot und Salz?

Früher glaubte man, dass Salz und Brot nicht nur Kraft spenden (was ja stimmt), sondern auch, dass diese Lebensmittel ein sicheres Abwehrmittel gegen Drachen, Hexen, Dämonen und sogar den Teufel höchstpersönlich seien. Deshalb steckte man es unter anderem der Braut am Tag der Hochzeit in die Schuhe, Kinder, die noch nicht getauft waren, bekamen es zum Schutz geschenkt, genauso wie Menschen, die gerade umgezogen waren. Dieser Brauch hat sich über die Jahrhunderte gehalten, auch wenn man heute wahrscheinlich eher damit ausdrücken will, dass es den neuen Bewohnern möglichst nie an diesen wichtigen Lebensmitteln mangeln soll.

TECHNISCHES

Mathe, Physik und Chemie: Meine absoluten Katastrophenfächer in der Schule, in diesen Bereichen war ich wirklich grottenschlecht. Das lag an einem unglücklichen Zusammenspiel aus mangelndem Talent, absolutem Desinteresse und häufig auch an dem Unvermögen vieler Lehrer, den Stoff für mich spannend und verständlich zu vermitteln. Inzwischen – älter und einsichtiger – finde ich viele mathematische, physikalische und chemische Phänomene und Prozesse durchaus interessant, und zwar immer dann, wenn sie ganz »handfest« sind und etwas mit dem täglichen Leben zu tun haben. Also zum Beispiel, warum Gullydeckel immer rund sind, warum der Himmel blau ist oder warum man mit Streichhölzern eigentlich Feuer machen kann. Mehr davon gefällig? Dann lesen Sie einfach weiter.

Warum werden Heizkörper eigentlich fast immer unter Fenstern angebracht?

Seien Sie mal ganz ehrlich: Haben Sie sich über diesen Umstand jemals zuvor Gedanken gemacht? Ich auch nicht. Dabei ist das doch extrem spannend! Warum ist unter fast jedem Fenster ein Heizkörper angebracht? Vielleicht, weil man sowohl vor eine Heizung als auch vor ein Fenster keine Möbel stellen kann und man damit zwei Fliegen mit einer Klappe schlagen will, damit nicht so viel Stellfläche im Raum verloren geht? Würde einen Sinn ergeben, es hat aber noch einen anderen, wichtigeren Grund: Durch die Fenster dringt auch im geschlossenen Zustand immer ein wenig kalte Luft ein, die nach unten in Richtung Boden sinkt. Vom Heizkörper wiederum steigt Wärme auf. Diese Wärme erhitzt die Kaltluft, die durch das Fenster einströmt, bevor sie das Zimmer auskühlen kann.

Warum verwendet man beim Bauen Ziegel, die innen Hohlräume haben?

Man könnte meinen, irgendein Geizhals wollte Lehm sparen und hat deshalb eines Tages beschlossen, Löcher in die Ziegel zu machen. Stimmt aber nicht. Schuld an den Löchern ist kein Geizhals, sondern ein ziemlich schlauer Mensch. In den Hohlräumen dieser Ziegelsteine befindet sich – na klar – Luft. Und eingeschlossene Luft leitet Wärme nicht besonders gut. Somit wird im Sommer kaum Hitze und im Winter nur wenig Kälte von außen in das Innere des Gebäudes geleitet. So sorgen diese Schweizer-Käse-Ziegelsteine dafür, dass die Temperatur bei Ihnen zu Hause immer angenehm bleibt und Sie Energie sparen.

Warum haben Tunnel fast immer Steigungen und Kurven?

2017 soll die Einweihung des neuen Gotthard-Tunnels statt-finden, mit 57 Kilometern der längste Tunnel weltweit! Wenn Sie da eines Tages durchfahren, achten Sie mal drauf: Auch dort wird es zur Mitte hin eine Steigung geben und außerdem die ein oder andere Kurve. Diese »Umwege« kosten augenschein-lich zwar mehr, es gibt für sie aber auch mehrere gute Gründe: Erstens kann durch die Steigung Regenwasser ablaufen. Es gibt zwar auch Tunnel ohne Steigung, aber die brauchen (eben we-gen des Regenwassers) Pumpen. Und die Pumpen wiederum brauchen Menschen, die sie warten und gegebenenfalls repa-rieren können. Und das ist alles in allem eine teurere Ange-legenheit, als wenn man von vorneherein eine Steigung »ein-baut«. Die Kurven wirken dem sogenannten Tunnelblick, dem Einschlafen des Autofahrers, entgegen, sie machen den Tunnel also sicherer. Kurven vor den Enden der Tunnel sollen außer-dem verhindern, dass Tageslicht die hinausfahrenden Autofah-rer länger als nötig blendet. Und nebenbei halten Kurven am Ein- und Ausgang eines Tunnels auch noch die Wärme im In-neren. Frost schadet dem Baumaterial, er würde zu einer vor-zeitigen Alterung führen und damit am Ende unnötige, zusätz-liche Kosten verursachen.

Warum sind die Buchstaben auf der Computertastatur so durcheinander angeordnet?

Weil die auf der Schreibmaschine auch schon so durcheinan-der angeordnet waren. Und das hat sich ein Mensch namens Christopher Latham Sholes ausgedacht. Der war Amerikaner,

Buchhalter und Schreibmaschinenbauer und hat sich 1868 überlegt, dass es wirklich ärgerlich ist, wenn sich die einzelnen Typenhebel beim schnellen Schreiben immer wieder ineinander verhaken. Deshalb hat er die Buchstabentasten, die man am häufigsten benutzt – E, T, O, A, N und I –, sowie Kombinationen, die im Englischen sehr oft vorkommen, wie HE, TH oder ND, so verteilt, dass deren Hebel sich nicht ins Gehege kommen konnten. Auf europäischen Tastaturen wurden die Tasten dann etwas anders, aber nach einem ähnlichen Prinzip verteilt. Bei den heutigen Computertastaturen hätte man das wieder ändern können, schließlich gibt es da keine Hebelmechanik mehr, hat man aber nicht. Der Mensch ist schließlich ein Gewohnheitstier.

Warum bilden sich bei manchen Flugzeugen Kondensstreifen und bei anderen nicht?

Kondensstreifen am Himmel bestehen aus gefrorenem Wasserdampf aus den Flugzeugtriebwerken und sind somit lang gezogene Wolken aus unzähligen Eiskristallen. Damit sie entstehen können, braucht es eine bestimmte Temperatur, und die muss bei mindestens minus 40 °C liegen. Solche Werte herrschen – mal abgesehen von den Polargebieten – meist oberhalb von 8000 Metern Höhe. Dazu sollte die Luft dort oben möglichst feucht sein, in trockener Luft lösen sich die Kondensstreifen nämlich sehr schnell wieder auf. Es gibt also eine ganze Menge Voraussetzungen, die erst mal erfüllt sein müssen, damit sich »langlebige« Kondensstreifen wirklich bilden können.

Warum sind Gullydeckel meistens rund?

Weil der Erfinder des Gullydeckels im Geometrieunterricht offenbar gut aufgepasst hat. Wäre die Abdeckung nämlich eckig, könnte sie – wenn man sie diagonal auf den Schachteingang stellen würde – leicht hindurchfallen. Bei einem Kreis dagegen sind die Seiten vom Mittelpunkt aus gemessen alle gleich lang, und egal, wie man ihn dreht und wendet, er kann nicht durch das Loch fallen. Dazu kommt, dass man runde Gullydeckel einfach rollen kann, eckige müsste man tragen. Und selbst bei kurzen Distanzen wäre das extrem anstrengend, schließlich wiegen die Dinger bei einem Durchmesser von 60 bis 80 Zentimetern zwischen 50 und 90 Kilogramm.

Warum knackt Holz, wenn es brennt?

Schuld am Knacken ist das im Holz eingeschlossene Wasser. Wenn das Holzscheit brennt, verdampft die Feuchtigkeit in den äußeren Schichten, und das Holz zieht sich an dieser Stelle zusammen. Im Holz, also dort, wo es noch keinen direkten Kontakt zum Feuer gibt, ist der Wassergehalt aber noch sehr viel höher. Dadurch baut sich eine enorme Spannung auf. Irgendwann entlädt sich die Spannung, das Holz reißt, und das hört man auch: Das Holz knackt. Das bedeutet also: Je feuchter das Holz, desto mehr knackt es auch.

Warum soll man an der Tankstelle kein Handy benutzen?

Das Schild mit dem durchgestrichenen Handy klebt an so ziemlich jeder Zapfsäule in ganz Deutschland. Aber warum eigentlich? Zum einen ist man ursprünglich – und übrigens auch irrtümlich – davon ausgegangen, dass die Strahlung der Mobiltelefone die Steuerung der Zapfanlage beeinflussen könnte. Zum anderen befürchtete man, dass der Akku – wenn das Handy aus Versehen runterfiele – beim Aufprall Funken schlagen könnte. Oder dass die Antenne des Handys Funken bilden würde. Welche dann wiederum in Verbindung mit den Benzindämpfen ein Feuer entfachen könnten. Und ein Feuer an der Tankstelle – da sind wir uns, glaube ich, einig – wäre eine ziemlich unschöne Angelegenheit. Mehrere Studien haben aber belegt, dass von den neueren Mobiltelefonen in dieser Hinsicht keine Gefahr mehr ausgeht. Einerseits, weil die Wahrscheinlichkeit einer Funkenbildung durch einen herunterfallenden Akku verschwindend gering ist. Und zum anderen, weil die Sendeleistung der Antennen heutzutage bei unter einem Watt liegt. Die Antenne müsste aber mindestens eine Leistung von sechs Watt abgeben, damit überhaupt die Möglichkeit einer Entzündung bestünde. Bei den alten Handys gab es in der Tat noch Anlass zur Sorge, da sie eine Sendeleistung von bis zu 20 Watt hatten. Da das nicht mehr der Fall ist, könnte man jetzt eigentlich problemlos an der Tankstelle telefonieren, aber Sie wissen ja, wie das mit Verboten ist … Wenn sie einmal bestehen, ist es verdammt schwer, sie wieder abzuschaffen. Selbst, wenn sie total sinnlos sind.

Warum haben Kronkorken eigentlich so komische Zacken?

»Kreisförmige Vorrichtung aus am Unterrand kronenförmig gestanztem Metall« – unter diesem Titel hat sich William Painter aus Baltimore am 2. Februar 1892 seine neueste Erfindung patentieren lassen. Damit gemeint waren Kronenkorken, heute nur noch Kronkorken genannt. Bis zu diesem 2. Februar 1892 gab es unzählige verschiedene Verschlüsse: schlichte Korkkorken, Korken mit Metallbügeln oder Porzellankappen mit Gummidichtungen, um nur drei davon zu nennen. Das Problem war, dass keiner dieser Verschlüsse hohen Druck im Flascheninnern aushielt, oder dass der Verschluss geschmacklich »abfärbte« und das Getränk nicht mehr so schmeckte, wie es eigentlich sollte. Die bahnbrechende Erfindung von William Painter war nun ein Metalldeckel, der zur Dichtung über einen dünnen Korkring verfügte und zudem innen mit Papier beschichtet war, was verhinderte, dass der Metalldeckel und der Flascheninhalt miteinander in Kontakt kamen. Die »Automatic Power Crown Machine«, die das Abfüllen und Verschließen der Flaschen in einem Arbeitsgang erledigte, wurde sechs Jahre nach der Patentierung präsentiert. Und um jetzt endlich auf die eigentliche Frage zu antworten, warum Kronkorken überhaupt diese Zacken haben: Sie haben tatsächlich einen tieferen Sinn, denn sie verteilen den Druck der Metallkappe so gleichmäßig auf den Flaschenhals, dass der während des Pressvorgangs nicht brechen kann.

Warum haben Kronkorken immer genau 21 Zacken?

Seit William Painter aus Baltimore 1892 den Kronkorken patentieren ließ, hat sich der Deckel wenig verändert. Nur die Zahl der Zacken hat abgenommen, ursprünglich waren es nämlich 24 und nicht 21, was daran liegt, dass früher die Flaschenhälse breiter waren. Und es gibt einen weiteren guten Grund, warum die Anzahl der Zacken auf eine ungerade Größe reduziert wurde, der ist aber ein bisschen kompliziert zu erklären. Also: Das Problem bei einer geraden Anzahl von Zacken besteht darin, dass dann jede dieser Spitzen eine gegenüberliegende Spitze hat. An diesen zackigen Stellen hätte ein Kronkorken mit 24 Spitzen damit einen breiteren Durchmesser als an den Lücken zwischen den Zacken. Bei einer ungeraden Anzahl liegt gegenüber einer jeden Zacke eine Lücke, sodass ein Kronkorken mit 21 Spitzen überall den gleichen Durchmesser hat. Und nur dadurch kann er sich in der Führungsrinne, die ihn zur Flasche bringt, nicht quer stellen und verhaken.

Warum haben die Bundeswehrfahrzeuge Nummernschilder mit dem Buchstaben »Y«?

Die Entscheidung, alle Kennzeichen der Bundeswehrfahrzeuge mit dem Buchstaben »Y« beginnen zu lassen, geht zurück auf den Brigadegeneral Kurt Vogel, der von 1908 bis 2003 lebte. Er wählte diesen Buchstaben aus mehreren Gründen: Zum einen war das Kürzel BW (wie Bundeswehr) schon vergeben, an die Fahrzeuge der Bundeswasser- und Schifffahrtsverwaltung. Dazu kam, dass bereits bei der Gründung der Bundeswehr 1955 feststand, dass bei vielen Militärfahrzeugen auch noch die deutsche Flagge auf dem Kennzeichen zu sehen sein sollte.

Quasi aus »Platzmangel« durfte dort also sowieso nur ein Buchstabe stehen. Das »B« konnte man auch nicht verwenden, es stand zu dem Zeitpunkt bereits für die Stadt Berlin. Die einzigen Buchstaben, die noch völlig unverbraucht waren, waren X und Y, weil kein deutscher Zulassungsbereich mit diesen Buchstaben beginnt. Brigadegeneral Vogel entschied sich – warum, ist nicht überliefert – für das »Y«. Mit »X«-Kennzeichen sind heute Dienstfahrzeuge der NATO unterwegs.

Warum heißt das Martinshorn »Martinshorn«?

Mit »Martinshorn« bezeichnet man sogenannte Folgetonhörner, mit denen seit 1932 die Einsatzwagen von Polizei und Feuerwehr ausgerüstet werden. Bis zum Zweiten Weltkrieg wurden diese akustischen Warngeräte exklusiv von der »Deutschen Signal-Instrumenten-Fabrik Max B. Martin« produziert. Eben wegen dieser Exklusivrechte des Unternehmens Martin wurde das »Folgetonhorn« im Volksmund schnell »Martin-Horn« genannt und später noch mit einem »s« in der Mitte ausgestattet, wahrscheinlich, weil sich das leichter spricht. Die Firma hat sich diese Bezeichnung übrigens markenrechtlich schützen lassen.

Warum wird im Flugzeug beim Start und bei der Landung das Licht abgedunkelt?

Irgendwie ist die Abdunkelung immer wenig beruhigend, weil man ja nicht mal dran denken will, dass etwas schiefgehen könnte. Tatsächlich ist das Ganze aber vor allem eine Vorsichtsmaßnahme, wie mir eine Stewardess vor nicht allzu langer Zeit erklärte. Stellen Sie sich ausnahmsweise bitte doch mal vor, dass das Abheben oder Runterkommen nicht ganz so reibungslos wie erwünscht laufen würde und die Passagiere schnell aus dem Flugzeug rausmüssten ... Und das Ganze auch noch mitten in der Nacht. Dann würde man beim Verlassen des Fliegers wertvolle Zeit verlieren, weil sich die Augen erst an die Dunkelheit gewöhnen müssten. Deswegen wird die Kabinenbeleuchtung in der Regel gedimmt, damit im Notfall keine Sekunde verloren geht.

Übrigens: Das Licht wird üblicherweise immer runtergefahren, auch wenn es draußen hell ist, damit die Crew gar nicht überlegen muss, ob Tag oder Nacht ist.

Warum quietscht Kreide?

2005 stellten drei Mädchen bei einem Jugend-forscht-Projekt fest, dass die Quietscher immer dann auftreten, wenn die Kreide »mit einem Winkel von 5 bis 40° über die Tafel geführt wird und dabei die Normalkraft 2 bis 12 N und die Geschwindigkeit 0,15 bis 0,8 Meter pro Sekunde beträgt«[13]. Ah ja ... Etwas unwissenschaftlicher formuliert, passiert Folgendes: Die Kreide wird auf die Tafel aufgesetzt und haftet an ihr, weil beide Materialien, Kreide und Tafel, eine raue Oberfläche haben. Wenn man nun Druck ausübt, um die Kreide zu bewegen, entsteht eine Spannung, die sich schließlich dadurch entlädt, dass die Kreide an der Tafel entlanggleitet. Das Quietschen entsteht durch die Schwingung, die entsteht, wenn die Kreide nach der Spannung abrutscht. Allerdings quietschen nur lange Stücke, weil nur die ordentlich schwingen können, Kreidestummel quietschen nicht.

Übrigens: Genau das Gleiche passiert auch bei der Geige, allerdings klingt es da meist etwas angenehmer ...

Warum heißt der Bleistift »Bleistift«, obwohl gar kein Blei drin ist?

Die Antwort darauf habe ich auf der Homepage eines namhaften Bleistiftherstellers[14] gefunden, auf der die Erklärung zu lesen steht, dass man »im hohen Norden« Englands – ich nehme mal an, damit ist Schottland gemeint – im 16. Jahrhundert eine bis dahin unbekannte Substanz fand, »schimmernd wie Bleierz«. Wahrscheinlich wusste man erst nicht so recht, was man damit anfangen sollte, aber irgendein schlauer Mensch hatte dann die Idee, dass das Zeug sich »eingeklemmt in zangenartige Vorrichtungen aus Holz oder Metall« prima zum Schreiben eignen könnte. Da das Material aussah wie Blei, wurde die neue Schreibware unter dem falschen Namen Bleistift bekannt. 1789 bewies dann ein schwedischer Chemiker, dass es sich »nicht um Blei, sondern um kristallisierten Kohlenstoff, also Graphit, handelte.« Ich denke mal, wenn einem der Bleistifthersteller das so erklärt, sollte es wohl stimmen, oder?

Warum dreht sich der Uhrzeiger rechts und nicht links herum?

Bereits im alten Ägypten – und wahrscheinlich sogar schon im noch älteren China – gab es Sonnenuhren, von denen man die Zeit ablesen konnte. Dafür wurde ein Stab in die Erde gesteckt, dessen Schatten auf ein oft sehr einfach gestaltetes Ziffernblatt fiel. Dieser Schatten wanderte rechts herum, weil die Sonne bekanntlich im Osten aufgeht, dann Richtung Süden wandert und schließlich im Westen untergeht. Im 13. Jahrhundert wurden dann die ersten mechanischen Uhren erfunden. Damals stand man vor der Entscheidung, ob die Uhrzeiger rechts oder links herum laufen sollten, beides wäre möglich gewesen. Da sich die Menschen an den Lauf der Sonnenuhren gewöhnt hatten, ließ man auch die mechanischen Uhrzeiger rechts herum laufen, eben im »Uhrzeigersinn« wie wir ihn heute kennen. Wäre die mechanische Uhr auf der Südhalbkugel erfunden worden, dann würden unsere Uhren heute wahrscheinlich alle links herum laufen, denn dort unten steht ja bekanntlich alles »auf dem Kopf«, und auch der Schatten auf den Sonnenuhren läuft andersherum.

Warum haben Waschmaschinen ein Fenster?

Maschinen zur Reinigung von Wäsche beschäftigen die Menschen schon seit geraumer Zeit, die erste wurde am 23. Februar 1767 vom Regensburger Theologen Jacob Christian Schäffern entwickelt. Es sollte aber noch lange, lange dauern, bis die ersten strombetriebenen Waschvollautomaten auf den Markt kamen. In den USA geschah dies 1946, in Deutschland war es 1951 so weit. Anfangs wurden die Geräte übrigens tageweise an Privathaushalte vermietet, weil sich nur wenige Familien eine eigene Waschmaschine leisten konnten. In der Dominikanischen Republik ist das übrigens heute noch gang und gäbe! An den Fenstern in den Waschmaschinen ist jedenfalls ein Mann namens Louis Zimarik schuld. Der hatte 1935 ein Patent dafür angemeldet, ursprünglich, weil er durch die Scheibe die Technik der Maschine überprüfen wollte. Dabei stellte er dann fest, dass sich die Gummidichtung, die man benötigt, damit das Wasser nicht durch die Tür ausläuft, viel einfacher um ein Glasfenster spannen lässt als um Metall. Und somit blieb man bei Glas- statt Metalltüren. Das Ganze hatte also weniger mit dem Zugucken-Können beim Waschen als mit dem besseren Auslaufschutz zu tun. Heute wäre übrigens das Fenster in der Waschmaschine technisch nicht mehr nötig, es bleibt aber aus Gewohnheit erhalten.

Warum steht bei Internetseiten meist eine Länderkennung, bei amerikanischen aber ».com«?

Das, was da hinter dem Punkt steht, ist die sogenannte TLD, die »Top Level Domain«. Das »com« steht in diesem Fall für »commercial«, also »kommerziell«. Dieses ».com« ist die mit großem Abstand meistgebrauchte TLD, im Oktober 2010 waren mehr als 90 Millionen solcher Domains registriert. Ursprünglich wurde ».com« hauptsächlich von US-amerikanischen Unternehmen verwendet (deswegen auch »kommerziell« statt »staatlich« oder so), heute ist sie weltweit bei allen möglichen Nutzern verbreitet, wird aber immer noch vor allem in den Vereinigten Staaten benutzt. Die eigentliche US-amerikanische TLD lautet ».us«, ich persönlich kann mich aber beim besten Willen nicht daran erinnern, schon mal eine Seite mit dieser TLD gesehen zu haben.

Warum dreht sich die Erde immer langsamer?

Schuld daran ist vor allem der Mond, der dafür sorgt, dass wir zweimal am Tag Ebbe und Flut haben. Diese Flutberge und Ebbetäler erzeugen Reibung, und die wiederum bremst die Erdrotation minimal ab, innerhalb von 100 Jahren verlangsamt sie sich um etwa zwei Tausendstelsekunden. Das bedeutet: Eines Tages wird man auf den Schaltjahrestag, den 29. Februar, ganz verzichten können. Sehr, sehr langfristig gesehen heißt das auch: In etwa 15 Milliarden Jahren wird die Erdrotation zum Stillstand kommen. Wenn es die Erde dann noch gibt.

Warum steht auf LKW so oft »TIR«?

Dieses TIR bedeutet »Transports Internationaux Routiers« (übersetzt: Internationaler Straßengüterverkehr), und neben dem Schild am LKW hat der Fahrer ein Zolldokument dabei, mit dem der Verwaltungsaufwand bei Zollkontrollen minimiert werden soll. Denn damit sind nur das Start- und Zielland von der Verzollung betroffen, nicht aber die Länder, die der LKW auf seiner Tour passiert. Der Frachtraum des Brummis wird verplombt, sodass unterwegs keine Öffnung möglich ist, zumindest keine, die nicht bei einer Kontrolle auffallen würde. Ausgestellt werden diese TIR-Dokumente übrigens von der Internationalen Straßentransportunion, die in Genf sitzt.

Warum haben Schiffe eigentlich runde Fenster?

Sie haben doch bestimmt auch schon mal von Materialermüdung gehört. Heißt: Der Stoff, aus dem ein Teil hergestellt wurde, macht irgendwann schlapp und wird brüchig. Bei einem Schiff tendenziell ungünstig, wenn der Rumpf bei hohem Wellengang plötzlich aufreißt. Und da Materialermüdung zuallererst in den Ecken von quadratischen oder auch rechteckigen Öffnungen beginnt, hat man ob dieser Erkenntnis die Schiffsfenster rund gebaut.

Warum haben Golfbälle keine glatte Oberfläche, sondern lauter kleine Dellen?

Die Dellen im Golfball heißen bei den Profis »Dimples«, was so viel wie »Vertiefung« oder »Grübchen« bedeutet. Durch diese Dimples hat der Golfball deutlich bessere Flugeigenschaften, als wenn er glatt wäre. Ich könnte Ihnen jetzt lang und breit erklären, dass das was mit dem verringerten Volumen der sogenannten toten Zone zu tun hat, also mit der Senkung des Strömungs-Widerstands-Koeffizienten, aber weil das furchtbar kompliziert ist und ehrlich gesagt für alle Nicht-Physik-Freaks auch ziemlich langweilig, lasse ich es einfach sein. Fakt ist: Durch die Dimples sind die Bälle richtungsstabiler und fliegen auch viel weiter. Je nach Talent des Spielers fliegt ein Dimples-Ball bis zu viermal weiter als einer mit einer Dimples-freien Oberfläche.

Warum gibt es immer vier Passbilder?

Sie erinnern sich bestimmt noch an die gute alte Polaroid-Kamera. Die Firma Polaroid erfand in den 1970er-Jahren eine Passbildkamera, allerdings wurde das Pferd dabei ein bisschen von hinten aufgezäumt. Denn die Vorgabe lautete, die Kamera passend zu einem bereits existierenden Film zu entwickeln. Da dieser Film viel zu groß für die Standardmaße eines kleinen Passbilds war, beschloss man kurzerhand, einfach vier davon auf einen Film zu packen. Also baute man in die Kamera vier Objektive und vier Kammern ein und erhielt dementsprechend auch vier Passbilder. Weil wir uns über die Jahre und Jahrzehnte daran gewöhnt haben, sind die Hersteller einfach dabei geblieben. Auch wenn kein Mensch wirklich vier Passbilder braucht …

Warum können Menschen nicht übers Wasser laufen?

Weil wir zu schwer sind, werden Sie jetzt sicherlich sagen. Ja, stimmt, aber auch, weil wir einfach nicht schnell genug sind. Flugzeuge aller Art fliegen ja schließlich auch, obwohl sie so unglaublich schwer sind. Wenn die Kräfte, die unsere Füße auf die Wasseroberfläche ausüben, mindestens so groß wären wie unser Gewicht, könnten wir tatsächlich über einen See rennen. Unter Berücksichtigung der typischen Form der menschlichen Füße kann man das Ganze sogar berechnen, und das haben Physiker getan. Dabei kam heraus, dass wir mindestens 72 Stundenkilometer draufhaben müssten, um über Wasser laufen zu können, und das liegt leider außerhalb der menschlichen Möglichkeiten.

Warum benutzt man bei E-Mails dieses komische Klammeraffen-@-Zeichen?

Geben Sie es zu: Sie haben auch gedacht, das sei neumodischer Kram und dieses komische Klammeraffen-»ät«-Zeichen sei erst mit der Erfindung des Computers und des Internets aufgekommen! Stimmt aber nicht. Wann genau dieses Symbol entstanden ist und was es damals bedeuten sollte, ist nicht eindeutig geklärt. Vermutet wird aber, dass es das »ät« bereits im Mittelalter gab, als Verschmelzung der Buchstaben a und d, vom lateinischen »ad«, was so viel wie »bei« oder »zu« bedeutet. Was man sicher weiß, ist, dass der Klammeraffe bereits 1555 auf der Iberischen Halbinsel verwendet wurde. Und zwar als Maßeinheit namens »Arroba« von Kaufleuten, die mit Wein und Stieren gehandelt haben. Ein Arroba waren übrigens etwa zehn Liter oder 15 Kilogramm. Später tauchte das Zeichen auch in England auf, seit 1880 gab es Schreibmaschinen mit diesem Symbol. Es wurde von Kaufleuten als Wertzeichen bei Preisangaben verwendet. Statt »five apples at ten pence« auszuschreiben, schrieb man nur eine 5, dann das Wort »apples«, dann das »ät«-Zeichen und anschließend 10 p für »ten pence«: 5 apples @ 10 p. Knapp hundert Jahre später, 1972, wurde das Symbol dann für E-Mail-Adressen ausgewählt. Man entschied sich dafür, weil dieser »Klammeraffe« in keinem Menschennamen vorkommt – und höchstwahrscheinlich auch nie vorkommen wird – und deshalb weltweit verwendbar ist.

Warum wird die Geschwindigkeit von Schiffen eigentlich in »Knoten« gemessen?

Die Bezeichnung »Knoten« stammt aus einer Zeit, als es noch keine elektronischen Messgeräte gab und man auf anderem Wege ermitteln musste, wie schnell man unterwegs war. Dieser andere Weg wurde mit einem sogenannten Handlog beschritten, einem mit Blei beschwerten Brett, das an der Logleine befestigt war. Wenn man nun wissen wollte, wie groß die Geschwindigkeit war, warf man das Brett vom Schiffsheck (also von der hintersten Stelle) aus ins Wasser. Wegen des großen Reibungswiderstandes blieb das Brett praktisch an der gleichen Stelle im Wasser liegen. Das Schiff fuhr aber natürlich weiter, und die Logleine rollte ab. Je schneller man unterwegs war, desto mehr Leine wurde abgespult. In der Leine befanden sich (üblicherweise alle sieben Meter) Knoten, und man zählte mithilfe der Loguhr – einer Sanduhr – nach, wie viele Knoten in 15 Sekunden abgespult wurden. Ein Knoten entspricht übrigens einer Seemeile pro Stunde, und eine Seemeile sind genau 1852 Meter!

Warum wird bei Raketenstarts rückwärts gezählt?

»Die Frau im Mond« – so hieß ein Science-Fiction-Stummfilm des Regisseurs Fritz Lang, der am 15. Oktober 1929 im Ufa-Palast am Zoo in Berlin Premiere hatte. Es ging um eine Reise zum Mond, auf dem riesige Goldvorkommen vermutet wurden. In diesem Film wurde erstmalig ein Raketenstart dargestellt. Fritz Lang überlegte sich, wie er den Zuschauern klarmachen sollte, dass der große Moment unmittelbar bevorstehe. Er beschrieb das so: »Als ich das Abheben der Rakete drehte, sagte ich mir: Wenn ich eins, zwei, drei, vier, zehn, 50, 100 zähle, weiß das Publikum nicht, wann die losgeht. Aber wenn ich rückwärts zähle – zehn, neun, acht, sieben, sechs, fünf, vier, drei, zwei, eins, null –, dann verstehen sie!«[15] Langs Idee des Countdowns wurde von der NASA übernommen, als sie am 5. Mai 1961 Alan Shepard mit der »Mercury 3« ins All schickte, und fortan auch bei allen anderen Weltraummissionen verwendet. Chinesische und russische Raketen starten übrigens ohne einen solchen Countdown, dieser ist nur in der westlichen Welt typisch.

Warum kann man mit Streichhölzern eigentlich Feuer machen?

Das liegt nicht nur an dem Streichholzkopf – wie man ja vermuten könnte –, sondern vor allem auch an der Reibefläche der Streichholzschachtel. Denn die enthält roten Phosphor, der leicht entzündlich ist und schon bei kleinster Reibung Funken schlägt. Ursprünglich war der Phosphor nicht in der Reibefläche, sondern in den Streichholzköpfen enthalten. Das hatte aber zur Folge, dass sich die Hölzchen nur durch das Hin- und Herrutschen in der Schachtel entzünden konnten. 1848 entwickelte der deutsche Chemiker und Physiker Rudolf Christian Boettger die sogenannten Sicherheitszündhölzer, indem er den roten Phosphor nicht den Streichholzköpfen, sondern der Reibefläche beimischte.

Warum nennt man viele Tabletten auch »Filmtabletten«?

Weil diese Pillen tatsächlich mit einem dünnen Film aus sogenannten Kunststoffpolymeren überzogen werden. Das hat
mehrere Vorteile: Eine Filmtablette hat eine deutlich glattere
Oberfläche als eine unbehandelte Tablette und lässt sich leichter schlucken. Dazu kommt, dass der dünne Mantel den oft
bitteren Geschmack des Medikaments überdeckt. Und er steu-
ert durch seine Zusammensetzung, wo der Wirkstoff freigesetzt
wird. Im Dünndarm herrscht nämlich zum Beispiel ein ande-
rer pH-Wert als im Magen, und so kann man mit der entsprechenden chemischen Zusammensetzung des Films die Tablette früher (im Magen) oder später (im Darm) zersetzen lassen.

Warum sind Regenwolken dunkel?

Kurz vor einem ordentlichen Regenguss, wenn die Wolken vol-
ler Wasser sind, erscheinen sie uns auf der Erde dunkelgrau,
fast schon schwarz. Das liegt daran, dass das viele Wasser in
den Wolken das Licht der Sonne nicht reflektiert, sondern ab-
sorbiert. Es »schluckt« es sozusagen, und dadurch wirken die
Wolken dunkel.

Warum machen Klimaanlagen krank?

Klimaanlagen werden ja gerne als »Bakterienschleudern« bezeichnet, und in gewisser Weise stimmt das auch. Wenn die
Geräte nicht gut gewartet werden und sich dort Keime und
Bakterien einnisten, werden diese durch den Luftaustausch
munter im gesamten Raum verteilt. Außerdem ist die Klima-

anlagenluft nicht nur kalt, sondern auch sehr trocken. Dadurch trocknen unsere Nasenschleimhäute aus. Schließlich belastet der »Temperaturschock«, den wir bekommen, wenn wir schwitzend einen klimatisierten Raum betreten, unseren Organismus. Dieser wird damit anfälliger für Erkältungsviren. Und ich habe noch einen weiteren Grund gefunden, warum Klimaanlagen unter Umständen krank machen: Die Geräte sorgen für eine gleich bleibende Temperatur im gesamten Raum. Normalerweise, also in nichtklimatisierten Räumen, ist es aber so, dass die Temperatur am Boden am niedrigsten und in Deckenhöhe am höchsten ist. Wärme steigt schließlich nach oben. Wenn das – wie in voll klimatisierten Räumen – nicht der Fall ist, soll das häufig zu Kreislaufproblemen führen.

Warum sind Autobremsspuren schwarz?

1893 erfand Charles Goodyear die sogenannte Vulkanisation. Dabei wurde Kautschuk mit Schwefelsäure gemischt und erhitzt. Heraus kam ein robustes und gleichzeitig flexibles Material: Gummi. In modernen Autoreifen sind mehr als 20 Bestandteile enthalten, unter anderem Zinkoxid, Antioxidantien und Ruß. Letzterer ist für die schwarze Farbe der Reifen verantwortlich und somit auch für den schwarzen Abrieb auf der Straße, wenn man scharf bremst.

Warum ist der Himmel eigentlich blau?

Das ist mal wieder so eine Frage, die mir eine meiner Töchter gestellt hat, und dazu habe ich glücklicherweise auf einer Internetseite[16] eine super Antwort gefunden, die so super ist, dass ich sie auch Ihnen nicht vorenthalten will. Das Sonnenlicht landet nämlich nicht direkt auf der Erdoberfläche. Es muss zunächst durch die Atmosphäre hindurch. Dabei trifft das Licht auf die verschiedensten Teilchen, die da so herumschweben, zum Beispiel Staub oder Wassertröpfchen, es prallt sozusagen an ihnen ab – wie bei einem Flipper – und wird dadurch in verschiedene Farben »gebrochen«. Welche Farbe entsteht, hängt von der Wellenlänge des Lichts ab. Blaues Licht ist kurzwelliger als beispielsweise rotes Licht, und wird deshalb eher gebrochen als das rote, das »durchflutscht«. Der Himmel sieht deshalb blau aus. Das Blau leuchtet umso intensiver, je sauberer und trockener die Luft ist, also je weniger Teilchen darin unterwegs sind. Bei feuchtem Wetter oder reichlich Staub in der Luft werden dagegen auch die langwelligen Anteile des Lichts stärker gestreut. Dann erscheint der Himmel weißlich-trüb.

Soweit also die super Erklärung. Besser hätte ich es selbst nicht sagen können – und dann wäre meine Tochter sicherlich schwer von mir enttäuscht gewesen …

Warum darf man elektrische Drehtüren nicht drücken, damit sie sich schneller drehen?

Kennen Sie bestimmt auch: Auf Drehtüren, die elektronisch bewegt werden, steht ganz oft drauf: »Bitte nicht drücken!« Wenn man nun doch dagegen drückt, erreicht man genau das

Gegenteil von dem, was man erreichen wollte, die Tür wird abgebremst und bleibt gegebenenfalls ganz stehen. Das passiert aus Sicherheitsgründen, denn wenn äußere Kräfte die Karusselltür beeinflussen könnten, könnte zum Beispiel auch starker Wind die Tür bewegen. Und durch diese unerwartete Beschleunigung könnten Menschen im Innern der Drehtür im wahrsten Sinn des Wortes »angefahren« werden. Das wäre besonders für Kinder, alte und behinderte Menschen eine große Gefahr.

Warum haben die Buchstaben »F« und »J« auf der Tastatur eine Markierung?

Wahrscheinlich ist es Ihnen vorher noch nie aufgefallen, weil es wirklich total unauffällig ist, aber wenn Sie das nächste Mal am Computer sitzen, dann schließen Sie doch einfach mal die Augen und fahren mit Ihren Fingern ganz langsam über die Tastatur. Wenn Sie nicht gerade zentimeterdicke Hornhaut auf den Fingerkuppen haben, werden Sie auf drei Tasten eine leichte Erhebung bemerken, und zwar auf den Knöpfen der Buchstaben »F« und »J«, aber auch auf der Zahl »5« rechts im Nummernblock. Diese sogenannten Tast- oder auch haptischen Marken auf zentralen Punkten der Tastatur sollen blinden oder sehbehinderten Menschen das Schreiben mit dem Computer erleichtern.

Warum bekommt man an Briefmarkenautomaten Briefmarken statt Wechselgeld heraus?

Die Deutsche Post AG begründet das so: Mit Bargeld befüllte Automaten würden oft aufgebrochen oder zum Geldwechseln missbraucht. Die Geräte müssten also häufig repariert, gewartet und auch befüllt werden. Das wäre sehr zeitaufwändig, sehr teuer und würde auch immer wieder zu Geräteausfällen führen. Das alles sei nachteilig für den Kunden, und deshalb habe man sich für die Variante mit den Wechselbriefmarken entschieden.

Warum ist das Stoppschild achteckig?

Diese charakteristische Form hat den Vorteil, dass man sie auch ohne Kenntnis der jeweiligen Landessprache erkennt, und sogar dann noch, wenn die Oberfläche des Schildes total dreckverkrustet, zerkratzt oder zugeschneit ist. Und genau aus diesem Grund ist das achteckige Stoppschild das einzige international anerkannte Verkehrszeichen, und zwar seit dem 8. November 1968. Bis dahin gab es überall auf der Welt unterschiedliche Stoppschilder, in den USA zum Beispiel weiße Schilder mit schwarzer Schrift, in Deutschland war das erste Stoppschild ein auf der Spitze stehendes Dreieck mit rotem Rand und blauer Innenfläche mit dem weißen Schriftzug HALT. Es wurde übrigens am 1. Januar 1939 eingeführt.

Warum ist es manchmal morgens extrem neblig und am nächsten Tag wieder nicht?

Der Begriff »Nebel« stammt ab vom lateinischen Wort »nebula« und heißt übersetzt »Wolke«. Und tatsächlich ist Nebel nichts anderes als eine dicke Wolkendecke, die halt nicht am Himmel, sondern in der Nähe des Erdbodens herumwabert. Nebel entsteht meist nach vergleichsweise warmen Tagen, denn warme Luft kann mehr Feuchtigkeit speichern als kalte. Wenn es sich dann abends und nachts stark abkühlt, kondensiert die Feuchtigkeit in der Luft in winzig kleinen Tröpfchen, die an die Umgebung abgegeben werden. Und diese Abermillionen Tröpfchen bilden gemeinsam Nebel. Am nächsten Tag ist es aber vielleicht über Nacht nicht so feucht gewesen, und dementsprechend nebelt es auch nicht. Klar, oder?

Warum haben Briefmarken Zacken?

Bereits im 17. Jahrhundert gab es Vorläufer der Briefmarke, die erste offizielle erschien am 1. Mai 1840 in Großbritannien. Bis 1848 mussten die Marken per Hand und Schere aus Bögen herausgeschnitten werden. Weil das sehr mühsam und zeitaufwändig war, erfand der Brite Henry Archer eine Maschine, die in regelmäßigen Abständen mit kleinen Messern Schnitte in die Briefmarkenbögen ritzte. Später ersetzte er die Messer durch Lochstifte, wodurch die Marken eine sogenannte Zahnung erhielten. Dank dieser Perforation konnte man nun per Hand die einzelnen Briefmarken leicht und schnell voneinander trennen, und dieses System setzte sich weltweit durch.

Übrigens: Heutzutage wären die Zacken oft gar nicht mehr nötig, weil immer weniger Marken im Block produziert werden. Trotzdem werden auch selbstklebende Postwertzeichen mit Zacken angefertigt, einfach, weil es schöner aussieht und wir alle so daran gewöhnt sind.

Warum ist Schnee weiß?

Das fragen mich meine großen Kinder jedes Mal, wenn auch nur eine einzige weiße Flocke vom Himmel segelt, und jetzt soll dieses Phänomen endlich mal geklärt werden. Zunächst einmal ist die Frage ja durchaus berechtigt: Schnee ist gefrorenes Wasser, und das ist normalerweise durchsichtig. Da aber Schnee eine andere Struktur als Eis hat, sieht er weiß aus. Die einzelnen Schneekristalle haben nämlich keine homogene Oberfläche, sondern viele winzig kleine Flächen, die ganz unterschiedlich ausgerichtet sind. Wenn nun Licht auf diese winzigen Oberflächen fällt, wird es reflektiert und gleichzeitig gebrochen. Dadurch sieht Schnee weiß aus und glitzert auch noch so schön.

PFLANZLICHES

Das ist ein verhältnismäßig kurzes Kapitel, fällt mir auf. Was komisch ist, denn schließlich gibt es so viele spannende Fragen aus der Pflanzenwelt. Warum Unkraut es schafft, durch Asphalt zu brechen, fällt mir spontan ein. Warum so viele Bäume von Misteln befallen sind. Oder warum die meisten Nadelbäume eigentlich ihre Blätter (ja, auch die Nadeln werden so genannt) behalten und im Herbst nicht abwerfen. Irgendwann werde ich auch diese Fragen zum Thema »Pflanzliches« beantworten, versprochen. Und auch Ihre, wenn Sie welche haben und mir an kontakt@simonepanteleit.de schicken. Jetzt folgen aber erst mal die Fragen, die ich bislang gestellt und beantwortet habe. Obwohl es nicht so viele sind, sind alle extrem interessant.

Warum bringen vierblättrige Kleeblätter angeblich Glück?

Sie erinnern sich sicherlich noch an Adam und Eva, die beiden Herrschaften, die nach dem Sündenfall aus dem Paradies vertrieben wurden. Eva soll einer alten Legende nach beim Verlassen des Paradieses ein vierblättriges Kleeblatt mitgenommen haben, als Erinnerung an die glückliche Zeit dort. Dadurch ist das Kleeblatt zum Glückssymbol geworden. Außerdem sehen Christen darin angeblich eine Ähnlichkeit zum Kreuz, an dem Jesus für ihre Sünden starb, was ihnen Erlösung und somit auch »Glück« gebracht hat.

Interessant ist aber auch, wodurch diese vierblättrigen Kleeblätter überhaupt entstehen: entweder, weil die Kleepflanze Stress hat, weil sie zu viel ultraviolettes Licht, zu viel Frost oder Hitze abbekommt, oder durch Mutation, also einen genetischen Fehler.

Warum hat Spinat so besonders viel Eisen?

»Kind, iss Spinat, dann wirst du groß und stark!« Jahrzehntelang sind Kinder (Sie auch?) von ihren Eltern zum Spinatessen gezwungen worden, weil dieses Gemüse als besonders eisenhaltig galt. Und auch die Comicserie »Popeye« bestärkte seit 1933 diesen Glauben, weil der kauzige Matrose ja Riesenmuckis bekam, sobald er eine Dose Spinat aß. Die Wahrheit ist: Das Ganze ist eine dicke Ernährungslüge, Spinat enthält nämlich deutlich weniger Eisen als zum Beispiel Erbsen, Bohnen oder Linsen. Sogar Schokolade ist eisenhaltiger! Der Irrglaube beruht auf einem simplen Kommafehler. 1890 hat der Physiologe Gustav von Bunge die ersten Laboranalysen von Spinat durchgeführt. Dabei ermittelte er einen Wert von 3,5 Gramm Eisen pro 100 Gramm Spinat. Seine Sekretärin verrückte beim Übertragen der Daten das Komma versehentlich um eine Stelle nach rechts, wodurch aus 3,5 Gramm plötzlich 35 Gramm wurden. Ein Tippfehler, der erst Jahrzehnte später entdeckt wurde.

Warum sollte man Pflanzen immer mit abgestandenem Wasser gießen?

Das hat zwei Gründe: Zum einen sind die meisten Pflanzen sehr empfindlich, was Temperaturschwankungen angeht. Sie mögen es nicht, wenn sie plötzlich kalte Wurzeln bekommen oder es schlagartig um einige Grad wärmer wird. Abgestandenes Wasser hat exakt die Temperatur, die die Pflanzen als angenehm empfinden, nämlich Zimmertemperatur. Das mit frischem Leitungswasser hinzubekommen ist kaum möglich. Grund Nummer zwei: Nicht nur in Sachen Temperatur sind Gewächse sensibel, auch die im Wasser enthaltenen Stoffe (wie zum Beispiel Kalk) bekommen ihnen unter Umständen nicht sonderlich gut. Diese setzen sich aber mit der Zeit ab, sie sammeln sich am Boden der Gießkanne, und somit ist der Großteil des Wassers deutlich weniger davon belastet. Deshalb sollte man auch nie das komplette Gießwasser verwenden, sondern einen guten Rest übrig lassen und wegkippen.

Warum brennen Brennnesseln?

Unangenehmer Hautausschlag und Juckreiz sind die Folgen, wenn man aus Versehen eine Brennnessel berührt. Schuld daran ist ein Nesselgift (das unter anderem Ameisensäure enthält), welches in den feinen Härchen der Brennnessel sitzt. Wenn man die Pflanze berührt, stechen diese Härchen in die Haut, sie brechen ab und das Gift wird freigesetzt.

Warum essen manche Pflanzen Fleisch?

Fleischfressende Pflanzen leben auf stickstoffarmen Böden wie zum Beispiel auf Sand, Felsen oder in Mooren. Alle Pflanzen brauchen zum Leben (neben Phosphor und Kalium) aber Stickstoff. Und da sie ihn nicht mit ihren Wurzeln aus der Erde ziehen können, holen sie ihn sich, indem sie sich Insekten einverleiben, quasi als Nahrungsergänzungsmittel. Übrigens begnügen sich manche fleischfressende Pflanzen nicht mit Mücken oder Fliegen, größere Kannenpflanzen können zum Beispiel auch Frösche oder kleinere Säugetiere wie Mäuse verdauen.

Warum platzen bei Regen reife Kirschen am Baum auf?

Kirschen haben semipermeable Häute, das heißt: Flüssigkeit kann ein-, aber nicht wieder austreten. Das ist vergleichbar mit einer atmungsaktiven Regenjacke, nur dass bei der eben nichts rein-, sondern nur rausgeht. Im Fall der Kirsche wird bei ergiebigem Regen immer mehr Wasser aufgenommen, bis der Druck im Inneren schließlich zu groß wird und die Haut aufplatzt.

Warum fallen Äpfel vom Baum und bleiben nicht einfach hängen?

Jetzt werden Sie wahrscheinlich sagen: Na ja, die Äpfel werden wahrscheinlich irgendwann zu schwer und fallen dann halt runter! Falsch, denn dann würden ja immer nur große, reife Früchte im Gras liegen, nicht aber kleine, unreife! Baum und Apfel existieren nicht einfach nebeneinander vor sich hin, haben Wissenschaftler herausgefunden, sie kommunizieren miteinander. Und zwar über das Gas Ethen. Wenn der Apfel angepickt oder sonst irgendwie verletzt wird, reagiert der Sauerstoff aus der Luft mit dem Fruchtfleisch des Apfels und bildet das besagte Gas. Dieses wandert durch den Stiel und die Blätter direkt in den Baum, der daraufhin ein bestimmtes Hormon produziert. Wenn das passiert, bilden sich zwischen dem Zweig und dem Apfelstiel Korkzellen. Dadurch können keine Nährstoffe mehr durchgelassen werden, die Stelle wird immer dicker, reißt schließlich auf, und der Apfel fällt zu Boden.

Übrigens produziert der Apfel auch dann vermehrt Ethen, wenn er reif ist. Und das ist gut so, denn ohne die »Verkorkung« zwischen Stiel und Zweig könnte man die Früchte nicht so einfach pflücken.

Warum haben Kakteen eigentlich Stacheln?

Bevor ich die Frage beantworte, muss ich eines noch richtigstellen: Kakteen haben gar keine Stacheln, sondern Dornen. Ein Botaniker hat mir das so erklärt, dass Stacheln ein Teil der Oberhaut sind, während Dornen – wie bei Kakteen eben – mit den sogenannten Leitbündelsträngen, die tiefer liegen, verbunden sind. Und jetzt zur eigentlichen Frage: Die meisten Kakteen hatten früher gar keine Dornen, sondern waren ganz gewöhnliche Pflanzen mit Blättern. Diese haben sich dann aber im Lauf der Evolution bei vielen Arten zu Dornen entwickelt, und das aus gutem Grund: Kakteen wachsen in sehr trockenen Gebieten. Deshalb speichern sie Feuchtigkeit in ihrem Inneren, an die natürlich viele Tiere heranwollen. Die Dornen helfen den Kakteen, sich diese »Fressfeinde« vom pieksigen Leib zu halten. Bei manchen Arten erfüllen die Dornen auch noch andere Aufgaben: In Chile gibt es eine Kaktusart namens Eulychnia, deren lange Dornen zusätzlich Feuchtigkeit gewinnen, indem sie Wasser aus Nebel kondensieren. Und in Mittelamerika wachsen Hochlandkakteen, deren Dornen so dicht und fein sind, dass sie fast wie Haare wirken. Sie schützen den Kaktus in über 3000 Metern Höhe vor heftigen Winden und starker UV-Strahlung.

TIERISCHES

In Frankfurt-Oberrad bin ich groß geworden. Es ist ein sehr ländlicher Stadtteil der Main-Metropole, dort leben und arbeiten die meisten Gärtner und bauen ihr Gemüse an. Hier habe ich unzählige Nachmittage draußen »in den Feldern« verbracht. Dabei spielten wir immer mit irgendwelchen Viechern: Feldhasen, Stichlingen in den kleinen Abwasserkanälen zwischen den Feldern, zugelaufenen Katzen, Feld- und Spitzmäusen, die wir vor den Katzen retten wollten, und, und, und … Schon damals habe ich mich gefragt, warum Fische eigentlich nicht die Augen zumachen können, warum Spinnen nicht in ihrem eigenen Netz kleben bleiben oder auch, warum Zugvögel im Frühjahr eigentlich immer wieder zurückkommen. Im Lauf der Jahre fielen mir viele weitere Fragen dazu ein, und irgendwann habe ich mir dann die Mühe gemacht, endlich die Antworten auf sie zu finden.

Warum legen manche Hühner weiße und andere braune Eier?

Das fragt sich mein Mann auch immer, das heißt, eigentlich fragt er sich, wieso es überhaupt weiße Eier geben muss, die braunen findet er aus mir unerklärlichen Gründen nämlich viel schöner. Wenn es Ihnen ähnlich geht, wären Sie vor mehr als 8000 Jahren ziemlich glücklich gewesen, denn bis dahin haben Hühner wild gelebt und ausschließlich braune Eier gelegt. Der Grund ist ganz einfach: Braun ist deutlich weniger auffällig als weiß. Die Eier waren also quasi »getarnt« und konnten von hungrigen Feinden nicht so schnell entdeckt werden. Irgendwann kam der Mensch schließlich auf die Idee, Hühner zu Haustieren zu machen. Und als einige Hühner dann aufgrund einer genetischen Mutation Eier mit weißen Schalen legten, war das nicht weiter schlimm. In der freien Natur wären die weißen Eier sofort gefunden und gefressen worden, jetzt aber spielte die Tarnung keine Rolle mehr, und die weißen Eier konnten sich durchsetzten.

Übrigens ist es Quatsch, dass braune Hühner braune Eier und weiße Hühner weiße Eier legen. Es gibt aber einen Trick, woran man erkennen kann, welches Huhn welche Eier legt! Und zwar haben Hühner sogenannte Ohrscheiben. Die mit den weißen Ohrscheiben legen in der Regel weiße Eier, Hühner mit rötlichen Ohrscheiben braune Eier.

Warum kommen Zugvögel immer wieder zurück?

Jedes Jahr im Herbst begeben sich unzählige Vögel auf Wanderschaft. Und wenn ich unzählige sage, dann meine ich das auch: Schätzungsweise 50 Milliarden Zugvögel sind weltweit pro Jahr unterwegs. Drei Viertel aller Vogelarten sind übrigens Zugvögel, von den in Deutschland lebenden Vogelarten sind sogar nur acht Prozent sesshaft. Warum die Vögel in wärmere Gefilde reisen, ist klar: Bei uns würden sie in der kalten Jahreszeit verhungern, im Süden gibt es dagegen Nahrung im Überfluss. Aber warum kommen die Vögel wieder zurück, wenn es dort (zum Beispiel in Westafrika) doch viel wärmer ist und es ein viel größeres Nahrungsangebot gibt, also ganzjährig nahezu paradiesische Zustände herrschen? Ganz einfach: Weil sie Heimweh haben! Die Tierforscher nennen das »genetisch geprägte Traditionen« und meinen damit, dass die Vögel es quasi »im Blut« haben, immer wieder die gleichen Zugwege zu benutzen und zu den angestammten Lebensräumen zurückzukehren, in denen sie geboren wurden. Es gibt aber auch noch einen anderen, etwas weniger »romantischen« Grund, warum die Tiere die mitunter mehr als 20 000 Kilometer langen Rückwege auf sich nehmen: In den Winterquartieren ist es auf Dauer ziemlich eng, viele Vögel drängen sich auf vergleichsweise wenig Raum. Wenn sie dauerhaft dort blieben, würden über kurz oder lang die Brutplätze und das Nahrungsangebot knapp.

Warum bleiben Spinnen nicht im eigenen Netz kleben?

Das hat zwei gute Gründe: Erstens kann die Spinne klebende und nichtklebende Fäden spinnen, und sie weiß genau, wo sie welchen Faden gesponnen hat. In der Regel ist es so, dass nur die Querfäden eines Netzes Klebetropfen tragen, die Längsfäden und der Platz in der Mitte, wo die Spinne sitzt und gemütlich auf ihre Opfer wartet, sind klebstofffrei. Zweitens haben

Spinnen an den Füßen spitze Haken und Haare. Damit laufen sie auf den Fäden wie auf Zehenspitzen. Das reduziert die Kontaktfläche und somit auch die Gefahr des Klebenbleibens. Und wo wir schon beim Thema sind und damit Sie sich noch ein bisschen gruseln können: Die größte Spinne der Welt ist die Goliath-Vogelspinne. Ihr Körper misst bis zu zwölf Zentimeter – das entspricht ungefähr dem Durchmesser einer CD –, die Beine sind bis zu 30 Zentimeter lang und auf der Waage bringt es dieses Vieh auf stolze 170 Gramm. (Das sind mehr als anderthalb Tafeln Schokolade.) Aber es ist relativ unwahrscheinlich, dass Sie so eine Goliath-Vogelspinne hier bei uns in freier Wildbahn zu Gesicht bekommen, sie lebt nämlich in Brasilien, Venezuela und Guyana.

Warum gibt es kein Katzenfutter mit Mäusegeschmack?

In einer durchschnittlichen Dose befinden sich 415 Gramm Katzenfutter. Fragen Sie meine Katze »Frau Henschel«, die weiß das ganz genau, davon verdrückt sie nämlich jeden Tag eine ganze Portion. Wir reden hier also über ein knappes Pfund Fleisch. Nun stellen Sie sich mal vor, wie viele Mäuse ihr Leben lassen müssten, damit man eine Dose Futter vollbekommt. Aber nicht, dass Sie jetzt denken, da seien irgendwelche Tierschützer am Werk gewesen, die heldenhaft den Massenmord an unzähligen Mäusen verhindert hätten! Tatsächlich ist das Ganze eine reine Kostenfrage. Die Züchtung vieler Mäuse kostet viel Geld (eben weil sie so klein sind), dementsprechend teuer wäre dann das Futter, und das wiederum würde kein vernünftiger Mensch bezahlen. Mal ganz abgesehen davon, dass Katzen den Geschmack von Mäusen offenbar gar nicht so toll finden.

Katzen jagen Mäuse und spielen auch gerne mit ihnen, bevor sie sie ins Jenseits befördern, aber in den seltensten Fällen fressen Katzen ihre Opfer dann auch auf.

Warum sind Kühe Wiederkäuer?

Ehrlich gesagt, ich finde die Tatsache, dass sich Kühe ihr Fressen immer noch mal durch den Kopf gehen lassen, schon irgendwie ein bisschen unappetitlich. Das Ganze hat aber einen guten Grund, in der Vergangenheit war das quasi eine lebenserhaltende Maßnahme. Schon die Ur-Kühe fraßen vor allem Gras, das oft auf großen, ungeschützten Flächen wuchs. Auf diesen offenen Weiden waren die Kühe dummerweise sehr gut für mögliche Feinde, also Raubtiere, sichtbar. Darum schlang die Kuh innerhalb kürzester Zeit möglichst viel Futter in sich hinein, suchte sich dann eine geschützte Stelle – begab sich also in Sicherheit –, und dort konnte sie das Futter dann in aller Ruhe noch mal »aufbereiten« und verdauen. Die heutigen Kühe haben das eben immer noch in ihren Genen, auch wenn es kaum noch Raubtiere gibt, die ihnen auf ihren Weiden gefährlich werden könnten.

Übrigens: Wenn sich die Kuh richtig vollfuttert, passen in ihre vier Mägen (Pansen, Netz-, Blätter- und Labmagen) bis zu 230 Liter Flüssigkeit oder Nahrung!

Warum tanzen Schlangen nach Flötenmusik?

Eine schöne Vorstellung, dass Schlangen – wenn Sie schon so unsympathisch und furchteinflößend aussehen – doch einen netten Zug haben und wenigstens sehr musikalisch und tanzfreudig sind. Dem ist aber leider nicht so. Schlangen sind so gut wie taub. Somit tanzt die Schlange auch nicht zur Musik, sondern folgt mit ihrem Körper der sich bewegenden Flöte des Schlangenbeschwörers. Davon fühlt sie sich nämlich provoziert und erhebt sich in Angriffsposition.

Warum heißen Regenwürmer eigentlich »Regenwürmer«?

Und nicht viel logischer, wie im englischsprachigen Raum, »earthworm«, also »Erdwurm«? Die Vermutung liegt nahe, dass der Regenwurm seinen deutschen Namen dem Umstand verdankt, dass man ihn bei Regen besonders häufig zu Gesicht bekommt. Laut NABU, dem Naturschutzbund Deutschland, hieß er aber noch bis ins 17. Jahrhundert »reger Wurm«, weil er sich in der Erde sehr rege bewegt. Aus »reger Wurm« wurde dann irgendwann »Regenwurm«.

Übrigens, der griechische Philosoph Aristoteles (384 bis 322 v. Chr.) nannte Regenwürmer noch mal ganz anders, für ihn waren sie nur »die Eingeweide der Erde«.

Warum bekommen Spechte beim Klopfen keine Kopfschmerzen?

Schätzen Sie mal, wie oft ein Specht am Tag mit seinem Schnabel gegen einen Baumstamm hämmert. Ich sag es Ihnen: Bis zu 12 000 Mal! Entweder, um sich Nahrung zu beschaffen, einen potenziellen Partner auf sich aufmerksam zu machen oder um eine Höhle für sich und den Nachwuchs zu zimmern. Die Wucht des Hämmerns ist ungefähr so stark, als würden wir unseren Kopf mit 26 Kilometern pro Stunde gegen eine Wand schlagen. Dass der gute Specht da keine Kopfschmerzen bekommt, hat mehrere Gründe. Die Schädelknochen wirken wie Stoßdämpfer, sie haben eine schwammartige Struktur und sind besonders dick. Dazu kommt der sogenannte Quadratum-Knochen im Unterkiefer, der den heftigen Aufprall an eine besonders stark ausgeprägte Halsmuskulatur weiterleitet. Und auch die Kiefermuskeln tragen ihren Teil dazu bei, sie leiten die Wucht des Schlags um den Kopf herum, vom Gehirn weg.

Warum haben Zebras Streifen?

Mir wurde als Kind erklärt, dass der liebe Gott bei der Schöpfung einfach extrem kreativ war, was ja auch stimmen mag. Zusätzlich zum modischen Faktor gibt es aber noch drei ganz praktische Gründe: Erstens dienen die Streifen der Tarnung vor Fressfeinden wie Löwen und Hyänen. Dieses Tarnverfahren hat sogar einen eigenen Namen, es nennt sich »Somatolyse«, was so viel wie »Auflösung des Körpers« bedeutet. Aus der Ferne betrachtet verschwimmen die Konturen des Zebrakörpers mit denen der Herde, mit den Weiten der Savanne und mit der flirrenden Luft. Auch aus der Nähe betrachtet wirkt das Streifenmuster tarnend, es schützt das Zebra nämlich vor der Tsetse-Fliege, die die gefährliche Schlafkrankheit überträgt. Das Facettenauge der Tsetse-Fliege ist auf dunkle Körper programmiert, es kann wegen der hellen Streifen die Konturen des Zebras nicht erkennen, und somit kann die Fliege das Zebra auch nicht stechen. Schließlich wirkt die Musterung auch noch wärmeregulierend: Dunkle Farben heizen sich in der Sonne bekanntermaßen mehr auf als helle. Zwischen den schwarzen und weißen Streifen beträgt der Temperaturunterschied oft bis zu 20 °C! Dadurch entsteht eine Luftzirkulation, durch die die Zebras Hitze besser abgeben können.

Warum haben Fische Schuppen?

Schuppen sehen nicht nur schick aus, sie sind quasi der Schutzpanzer der Fische. Denn diese extrem kleinen Knochenplättchen verhindern, dass sich dort Schädlinge festsetzen können. (Zusätzlich gibt es auch noch eine Schleimschicht auf den Schuppen, die Krankheitserreger abwehrt.) Die Schuppen selbst schützen den Fisch außerdem vor scharfkantigen Gegenständen im Wasser sowie vor Fressfeinden unter seinen Artgenossen. Andere Fische können ihm – dank der Schuppen – nicht so leicht Stücke aus der Haut beißen.

Übrigens: Wenn der Fisch einzelne Schuppen verliert, wachsen sie nach einiger Zeit wieder nach!

Warum können Fische nicht die Augen schließen?

Landtiere und Menschen müssen blinzeln und nachts die Augen schließen, weil die Augäpfel sonst an der Luft austrocknen würden. Mit dem Schließen der Lider wird Tränenflüssigkeit auf dem Auge verteilt, die dieses feucht hält. Da der Fisch im Wasser lebt, ist es von vornherein unmöglich, dass seine Augen austrocknen, und folglich hat ihm Mutter Natur auch keine Augenlider mitgegeben, mit denen er die Augen schließen könnte.

Warum fallen schlafende Vögel nicht vom Baum?

Weil sich der liebe Gott oder Mutter Natur – oder an wen auch immer Sie glauben – da was ganz Schlaues ausgedacht hat: Im hinteren Teil des Vogelfußes gibt es eine Gelenkkapsel. Durch diese verläuft die sogenannte Beugesehne bis in die Zehen. Wenn der Vogel sich irgendwo niederlässt, drückt sein eigenes Körpergewicht auf die Beugesehne und spannt sie an. Dadurch werden die Zehen zusammengekrallt, und der Vogel kann nicht vom Ast fallen.

Warum heißt das Känguru eigentlich »Känguru«?

Angeblich, weil sich zwei Menschen ganz schlicht und einfach missverstanden haben. Als der Seefahrer James Cook zum ersten Mal so ein Beuteltier sah, soll er einen Aborigine, einen australischen Ureinwohner, gefragt haben, was das für ein komisches Tier sei. Der habe der Legende nach geantwortet: »Kanguru«, was übersetzt bedeute: »Ich verstehe dich nicht!« So eine schöne Geschichte, nur leider stimmt sie nicht, wie der Linguist John B. Haviland in den 1970er-Jahren herausgefunden hat. In der Sprache des besagten Aborigine-Stammes ist »gang-oo-roo« tatsächlich die Bezeichnung für ein graues Riesenkänguru.

Warum gilt das Schwein als Glücksbringer?

Schweine waren schon immer sehr bescheidene, anspruchslose Tiere, mit denen sich aber eine beachtliche Wertsteigerung erzielen ließ. Man fütterte sie mit Abfällen und Resten, und nach einiger Zeit war aus einem kleinen Ferkel ein großes Schwein geworden, dessen Fleisch einen gut über den Winter brachte oder das man für viel Geld verkaufen konnte. Da Säue viele Ferkel werfen (bis zu 28 pro Jahr!), gelten sie zu Recht als sehr fruchtbar. Diese Fruchtbarkeit war ein Garant für Wohlstand und Reichtum. Schon bei den alten Römern und Griechen galt: Wer »Schwein hatte«, hatte Glück, denn er galt als gut situiert. Bei den Germanen war der Eber sogar ein heiliges Tier.

Warum werden Stiere beim Anblick von roten Tüchern aggressiv?

Den Stier macht nicht die rote Farbe aggressiv – ehrlich gesagt, ist es ihm ziemlich wurscht, ob das Tuch lila, hellblau oder gelbgrün kariert ist –, er ist nämlich farbenblind! Was ihn so rasend macht, sind einzig und allein die hektischen Bewegungen des Toreros. Warum man bei Stierkämpfen trotzdem rote Tücher verwendet, liegt wahrscheinlich daran, dass die Zuschauer bei dieser Signalfarbe am ehesten an »Blut« und »Gefahr« denken.

Warum leben Eintagsfliegen nur so kurz?

Eigentlich kann einem die Eintagsfliege wirklich leidtun. Denn sie hat verkümmerte Mundwerkzeuge und einen funktionslosen Darm und verhungert deshalb ziemlich kläglich. Oft passiert das innerhalb weniger Stunden, manche halten aber länger durch und verscheiden immerhin nicht nach einem Tag, sondern nach maximal vier Tagen, die allerwenigsten halten länger als eine Woche durch. Andererseits kann man sich sein Mitleid auch wieder sparen, weil die Eintagsfliege ein relativ langes Vor-Leben hat. Die Larve hat nämlich eine bis zu vierjährige Entwicklungszeit im Wasser, bevor sie dann als Fliege schlüpft und auf Partnersuche geht.

Warum haben Katzen angeblich neun Leben?

Vielleicht kennen Sie dieses Sprichwort auch mit nur sieben Leben (was ja auch schon eine Menge ist). Was damit ausgedrückt werden soll, ist aber das Gleiche: Katzen sind so zäh und reaktionsschnell, dass sie oft Situationen überleben, in denen andere Tiere umgekommen wären. Sie überstehen meist auch Stürze aus großen Höhen, weil sie fast immer auf ihren Pfoten landen. Dass Katzen nun ausgerechnet neun Leben zugesprochen werden, könnte seinen Ursprung im alten Ägypten haben. Dort wurden die Tiere angeblich als Vorkoster für die Pharaonen eingesetzt. Das Mahl bestand meist aus neun unterschiedlichen Speisen, und wenn die Katze eine dieser neun Speisen verschmähte, ging man davon aus, dass sie in der Hitze verdorben oder womöglich sogar vergiftet war.

Warum sind Flamingos eigentlich rosa?

Eine Laune der Natur, könnte man meinen, schließlich haben andere Tiere auch ein auffälliges Federkleid oder wild gemusterte Felle! Dem ist aber nicht so, der Flamingo hat von Natur aus keine solch quietschrosa Federn! Schuld daran ist vielmehr ein kleiner Krebs, der den Farbstoff Karotin enthält. Wenn der Flamingo nun besonders viele dieser Krebse frisst, färbt das Krebskarotin seine Federn rosa, wenn er wenig davon futtert, verblasst die Farbe wieder.

Warum sind Weinbergschnecken eine Delikatesse, Nacktschnecken aber nicht?

In regelmäßigen Abständen ein Thema bei uns zu Hause: der Genuss von Weinbergschnecken. Mein Mann liebt sie, schön im Ofen geschmort mit Knoblauchbutter und Baguette dazu, und will mich immer dazu überreden, das doch mal zu probieren. Aber ich weigere mich standhaft! Ist mir einfach zu glitschig und schleimig und überhaupt, genauso wie Muscheln, die mag ich auch nicht essen. Warum man Weinbergschnecken essen kann, die häuserlosen Verwandten aber nicht, hat drei gute Gründe: Die Weinbergschnecke hat erstens ein Gehäuse, in das sie sich zum Schutz vor dem Austrocknen zurückziehen kann. Die Nacktschnecke bedeckt sich dagegen mit einem ungenießbaren Schleim. Zweitens trägt die Weinbergschnecke ihre Organe in dem Teil ihres Körpers, der sich im Haus befindet, bei der Nacktschnecke sind sie über den ganzen Körper verteilt. Wenig lecker. Noch weniger appetitlich ist aber der dritte Grund: Weinbergschnecken sind Vegetarier, Nacktschnecken Aasfresser. Und so was will man nicht wirklich auf dem Teller haben, oder?

Warum heißen Ohrenkneifer »Ohrenkneifer«?

Viele, viele Jahrhunderte lang – nämlich von der Antike bis zur Neuzeit – glaubte man, dass das Pulver von zermahlenen Ohrenkneifern gegen Ohrenkrankheiten und Taubheit wirkt. Schätzungsweise gegen Ende des 15. Jahrhunderts kam man dann auf den Trichter, dass dieses Ohrenkneifer-Pulver keinerlei heilende Wirkung hat. Der Brauch geriet in Vergessenheit, nicht aber der Name der Tiere. Im Lateinischen heißen sie »auricula« (von »auris« – Ohr), im Englischen »earwig«, im Französischen »perce-oreille« und im Deutschen eben Ohrenkneifer oder auch Ohrwurm. Da man sich den Namen nicht erklären konnte – weil ja keiner mehr den Brauch mit dem Pulver kannte –, dachte man, dass die Tiere nachts in Menschenohren kriechen und sich dort festbeißen. Stimmt aber nicht, Ohrenkneifer sind für uns vollkommen ungefährlich.

Warum reiben Fliegen ihre Beine aneinander?

Fliegen schmecken mit ihren Beinen, dort liegen ihre Geschmacksnerven. Das heißt: Um festzustellen, ob sie etwas lecker finden, müssen sie nicht alles in den Mund nehmen. Eine schlaue Erfindung, wenn man bedenkt, auf welchen tierischen Hinterlassenschaften sich Fliegen gerne so rumtreiben. Damit nun die Geschmacksnerven immer einwandfrei funktionieren, müssen sie frei von Staub und anderem Dreck sein. Und deshalb putzen sich Fliegen ständig die Beine, indem sie sie aneinander reiben!

Warum haben Marienkäfer schwarze Punkte?

Der Marienkäfer trägt seine Punkte nicht, weil das schön aussieht, sondern weil ihm die schwarzen Punkte das Leben retten. Würde er nämlich nur leuchtend rot durchs Leben krabbeln und fliegen, würde jeder Fressfeind sofort auf ihn aufmerksam, was ja auch kein Wunder wäre bei dieser Signalfarbe. Aufmerksam werden die besagten Fressfeinde jetzt zwar auch noch, aber die Musterung signalisiert ihnen: »Achtung, giftig!« Und tatsächlich enthält der Körper des Marienkäfers sogenannte Alkaloide, die ähnlich gefährlich wirken wie Strychnin. Diese Stoffe sind für Vögel wie Spatzen und Amseln tödlich. Für uns Menschen ist das Gift des Marienkäferkörpers aber vollkommen harmlos, wir müssten schon Hunderte Käfer essen, um ernsthaft in Gefahr zu geraten.

Warum werden Mücken nicht von herunterfallenden Regentropfen erschlagen?

Sie erinnern sich vielleicht noch an den Sommer 2011. Richtig, das war der, der nicht stattgefunden hat. Es war viel zu kühl, es hat viel geregnet, und als ob das noch nicht schlimm genug wäre, gab es dann vielerorts auch noch eine echte Mückenplage. In dem Zusammenhang habe ich mich gefragt, warum der blöde Regen die doofen Mücken nicht einfach erschlägt. Schließlich sind die Tropfen im Vergleich zu den stechenden Plagegeistern tierisch schwer. Der Regen kann den Mücken aber (leider) deshalb nichts anhaben, weil jeder Tropfen auf seinem Weg nach unten eine kleine Druckwelle vor sich herschiebt. Von dieser Druckwelle wird die Mücke zur Seite geschoben und kann nicht getroffen werden. Anders sieht es bei Nieselregen aus. Weil die Tropfen kleiner sind, fällt auch die Druckwelle geringer aus, und die zarten Mückenflügel können eher getroffen werden.

Warum gibt es eigentlich Stechmücken?

Eine berechtigte Frage, oder? Schließlich machen diese Viecher nichts als Ärger! Sie rauben einem mit ihrem fiesen Sirr-Ton den Schlaf, sie stechen einen und sorgen für tagelang juckende Quaddeln, tun aber anscheinend auch sonst nichts Gutes! Ganz so ist es nicht. Tatsächlich nehmen diese Plagegeister einen wichtigen Platz im Ökosystem ein, sie dienen vielen Vogelarten, Amphibien und sogar Fledermäusen als Nahrung. Ohne Stechmücken gäbe es nicht genug zu fressen für all diese Tiere, die Populationen wären vermutlich deutlich kleiner.

Übrigens: Mücken, die in Schwärmen auftreten, sind meist ungefährlich, dabei handelt es sich in der Regel um die nichtstechwütigen Männchen, die durch ihr Gesirre und Tanzen Weibchen für die Paarung anlocken wollen.

Warum riechen Hunde oft so speziell, wenn ihr Fell nass wird?

Sagen wir, wie es ist: Wenn ein Hund in den Regen kommt, in einem See badet oder sonst irgendwie nass wird, müffelt er meist ziemlich streng. Das werden auch die größten Hundeliebhaber unter Ihnen sicherlich zugeben. Ich habe mich bei einer Züchterin schlaugemacht, warum das so ist, und die sagt, dass das in den meisten Fällen die Schuld von uns Menschen ist. Man kann nämlich zwei Dinge grundlegend falsch machen. Zum einen riechen Tiere, die mit hochwertigem Futter gefüttert werden, deutlich weniger als solche, die billiges Dosenfutter oder Essensreste von uns Menschen erhalten. Und zum anderen sollte man seinen Hund nicht mehr als einmal im Jahr baden. Denn dadurch wird die natürliche Schutzschicht des Fells zerstört, die Talgdrüsen müssen verstärkt arbeiten, um den Fetthaushalt der Haut und der Haare wieder zu stabilisieren, und das kann ganz schön miefen. Lieber sollte man den Hund, wenn er dreckig ist, gründlich ausbürsten.

Warum wackeln Hasen und Kaninchen dauernd mit der Nase?

Dafür gibt es mehrere Gründe. Grund Nummer eins: Hasen und Kaninchen können nicht schwitzen und kühlen sich auf diese Weise ab, wenn es sehr heiß ist. Grund Nummer zwei: Durch das Wackeln weiten sich die Nasenöffnungen, dadurch können die Tiere mehr Luft aufnehmen und besser riechen. Grund Nummer drei: Durch dieses »Mümmeln«, wie nicht nur meine Kinder dazu sagen, werden die Nasenschleimhäute angefeuchtet, auch das trägt zur verbesserten Atmung bei. Und Grund Nummer vier: Wenn Hasen oder Kaninchen in einer Stresssituation sind und/oder Gefahr wittern, wackeln sie ebenfalls und besonders heftig mit der Nase.

Warum haben Pinguine einen weißen Bauch und einen schwarzen Rücken?

Dieser »Frack«, den Pinguine tragen, sieht nicht nur superschick aus, er erfüllt auch einen für die Tiere überlebenswichtigen Zweck. Er dient der Tarnung und hat etwas mit ihren Ernährungsgewohnheiten zu tun. Pinguine fressen vor allem Fische und Krill, die in den Gewässern rund um die Antarktis leben. Zum Jagen müssen sie oft sehr tief, sehr weit und sehr lange tauchen. Beide Lieblingsspeisen des Pinguins – also Fisch und Krill – treten meist in Schwärmen auf, weil sie so vor Fressfeinden besser geschützt sind. Kommt eine sich schnell bewegende Gestalt angeschwommen, flüchten alle fix in die unterschiedlichsten Richtungen, und der Jäger hat es schwer, sich auf ein Opfer zu konzentrieren. Das heißt, dass alle Jäger im Vorteil sind, die von den Krill- und Fischschwärmen erst sehr spät wahrgenommen werden, ihre Fangquote ist deutlich höher. Genau diesen Vorteil verschafft dem Pinguin seine spezielle Färbung. Wenn er sich dem Schwarm von oben nähert, hebt sich der weiße Bauch kaum von der hellen Wasseroberfläche ab. Kommt der Pinguin von unten angeschwommen, verschwimmen seine Umrisse mit der Dunkelheit der Meerestiefe. So ist er stets perfekt getarnt und wird von seiner Beute erst wahrgenommen, wenn es bereits zu spät ist.

Warum stehen Störche auf einem Bein?

Nicht nur Störche, auch Flamingos stehen gerne auf einem Bein in der Gegend rum. Beide Vogelarten gehören zu den Schreitvögeln, die so heißen, Sie ahnen es sicherlich, weil sie auf der Suche nach Futter scheinbar ganz gemütlich durch die Gegend schreiten. Die Beine dieser Schreitvögel sind lang und federlos, was beim Durchwaten von Wasser, dem Lieblingsjagdrevier dieser Vögel, ganz klare Vorteile hat. Andererseits laufen Störche (und Flamingos) nicht den ganzen Tag durch die Gegend, und wenn sie mal schlafen oder einfach nur in der Gegend rumstehen wollen, sind diese nackten langen Beine sehr kälteanfällig, sie kühlen schnell aus. Deshalb werden sie eingezogen und gut isoliert im Gefieder verpackt. Und wenn der Storch merkt, mh, jetzt wird's gerade kalt, dann wechselt er eben sein Standbein und wärmt das andere wieder eine Runde durch.

Übrigens: Dieses Auf-einem-Bein-Rumstehen sieht zwar furchtbar unbequem aus, ist es aber gar nicht, zumindest nicht für die Vögel. Die haben nämlich ein spezielles Gelenk, das beim Strecken wie ein Taschenmesser einschnappt. Somit kann der Storch sicher stehen, ohne einzuknicken.

Warum bekommen Enten im Winter eigentlich keine kalten Füße?

Eine berechtigte Frage, schließlich schwimmen Enten auch bei frostigen Temperaturen durchs kalte Wasser oder laufen scheinbar schmerzfrei übers Eis. Fakt ist: Enten bekommen kalte Füße, auf dem Weg vom Herzen in die Füße kühlt das Blut von circa 40 °C auf nur noch 6 °C ab. Das hat mehrere Vorteile: Zum einen spart das Energie, die sonst von den Füßen an die Umgebung abgegeben würde. Zum anderen sorgt es dafür, dass Enten auf Eisflächen nicht festfrieren können. Wenn Enten warme Füße hätten, würde das Eis, auf dem sie stehen, schmelzen. In der kalten Umgebung würde das angetaute Eis dann aber schnell wieder abkühlen und die Enten kämen nicht mehr vom Fleck weg.

Warum heulen Wölfe den Mond an?

Es stimmt, Wölfe heben beim Heulen den Kopf weit nach oben. Das tun sie aber nicht, um den Mond anzujaulen, das ist ein Ammenmärchen. Die Wölfe heben ihren Kopf, weil dadurch das Heulen weiter getragen wird, als wenn sie das mit gesenktem Kopf tun würden. Durch dieses Geräusch soll die Rudelgemeinschaft gestärkt werden, die Tiere stimmen sich auf die Jagd ein und grenzen ihr Revier ab. Wenn ein einzelner Wolf heult, sucht er den Kontakt zu einem Rudel oder zu anderen Einzelgängern. Die Tiere sind nachtaktiv und heulen auch in wolkenverhangenen Nächten oder bei Neumond. Der Eindruck, dass sie den Mond anheulen, ist dadurch entstanden, dass man in klaren Vollmondnächten heulende Wölfe mit zurückgeworfenen Köpfen besonders gut erkennen konnte.

Warum kommt der Regenwurm bei Regen an die Erdoberfläche?

Man könnte annehmen, dass er das tut, weil er die Feuchtigkeit an der Erdoberfläche so sehr mag. Stimmt aber nicht. Eine Vermutung ist, dass die Regenwürmer herauskommen, weil sie sonst in ihren Gängen in der Erde ersticken würden. Die Würmer atmen nämlich über ihre Haut und können wegen des Wassers, das ins Erdreich sickert, deutlich weniger Sauerstoff aufnehmen. Wahrscheinlicher ist aber, dass die Regenwürmer wegen eines Irrtums fluchtartig an die Oberfläche kommen! Sie scheinen nämlich zu glauben, dass ihr Erzfeind im Anmarsch ist. Kanadische Forscher haben herausgefunden, dass sich prasselnder Regen für die Regenwürmer anhört wie grabende Maulwürfe. Und weil sich die Würmer schlauerweise nicht einfach so fressen lassen wollen, treten sie die Flucht an und kriechen an die Erdoberfläche, wohin Maulwürfe nur höchst ungern kommen.

Übrigens: Weltweit gibt es etwa 3000 verschiedene Regenwurmarten, die Tiere werden bis zu acht Jahre alt.

MENSCHLICHES

Ich erwähnte bereits, dass ich zu Schulzeiten in Mathe, Chemie und Physik eine ziemliche Niete war. Dafür fand ich Biologie hochgradig spannend, vor allem immer dann, wenn es um ganz menschliche Dinge ging, die jeder von uns kennt. Blaue Flecke zum Beispiel. Hat jeder, aber kaum einer weiß, warum sie im Lauf der Zeit ihre Farbe ändern. Oder warum schwitzt man, wenn man etwas Scharfes isst, was passiert dann im Körper? Und warum werden so viele Leute im Winter krank, in den anderen Jahreszeiten aber nicht? Die Antwort darauf und auf vieles mehr erfahren Sie auf den folgenden Seiten.

Warum sieht man im betrunkenen Zustand doppelt?

Um doppelt zu sehen, müssen Sie vorher ziemlich tief ins Glas schauen. (Was für ein Wortwitz, oder?!) Wenn wir 2 bis 2,5 Promille oder noch mehr im Blut haben, macht unser Kleinhirn seinen Job nicht mehr ordentlich. Das Kleinhirn ist normalerweise für die Koordination des räumlichen Sehens zuständig. Das bedeutet, es sorgt dafür, dass wir Entfernungen abschätzen können, und setzt die Bilder unserer beiden Augen zu einem räumlichen Bild zusammen. Wenn das Kleinhirn nun benebelt ist und streikt, wird nichts mehr ordentlich zusammengesetzt. Man nimmt sowohl das Bild vom rechten als auch jenes vom linken Auge wahr und sieht somit »doppelt«.

Übrigens: Sollte es Ihnen mal so ergehen, werden Sie am nächsten Tag wahrscheinlich einen ordentlichen Schädel haben, aber bleibende Schäden der Sehwahrnehmung gibt es nicht.

Warum schrumpeln Hände und Füße nach einem Bad, der Rest der Haut aber nicht?

Vor allem in der kalten Jahreszeit gibt es doch kaum etwas Schöneres, als den Abend bei Kerzenschein, entspannter Musik und mit einem Glas Rotwein in der Badewanne zu verbringen. Aber wenn Sie die Wanne dann – Stunden später – wieder verlassen, haben Sie an den Handflächen und Fußsohlen fies aufgequollene Schrumpelhaut, während Ihr restlicher Körper immer noch ziemlich genauso aussieht wie vor dem Bad. Das liegt daran, dass die Flächen an Händen und Füßen von uns besonders stark genutzt werden und dadurch anders strukturiert sind. Hier gibt es mehr Hautschichten und somit auch besonders viel abgestorbenes Hautmaterial, zum Teil bis zu zehn bis 15-mal mehr als beispielsweise am Kopf oder den Kniekehlen. »Tote« Hautzellen können viel mehr Feuchtigkeit aufnehmen als noch aktive. Somit quellen sie auf, wenn sie länger mit Wasser in Kontakt kommen, und sehen deshalb so schrumpelig aus.

Warum wird Blut braun, wenn es trocknet?

Unschön, solche bräunlichen, verkrusteten, alten Blutflecken auf weißen Hemden, wenn man zum Beispiel mal Nasenbluten hatte. Und dann muss man die immer stundenlang mit kaltem Wasser bearbeiten, um sie wieder halbwegs rauszukriegen. Wirklich ärgerlich! Aber warum wird unser eigentlich rotes Blut so unansehnlich bräunlich, wenn es eine Zeit lang mit der Luft in Berührung kam? Ganz einfach: In unserem Blut befindet sich Eisen. Und nun überlegen Sie mal, was mit einem Eisennagel passiert, wenn Sie den nass machen und eine Zeit lang rumliegen lassen. Richtig: Er rostet. Genau das Gleiche passiert auch mit dem Eisen in unserem Blut. Es rostet an der frischen Luft, und somit wird auch der Fleck rostig-braun.

Warum haben unsere Finger Namen, unsere Zehen aber nicht?

Das ist doch eigentlich recht seltsam. Warum haben wir Mittelfinger, aber keinen Mittelzeh? Warum gibt es Zeigefinger, aber keine Zeigezehen? Die Erklärung ist eigentlich sehr simpel: Unsere Zehen haben – anders als unsere Finger – keine besondere Funktion. Da werden eben keine Ringe draufgesteckt, und wir zeigen auch auf nichts damit. Und so lieblos es ist: Wer keine Bedeutung hat, verdient anscheinend auch keinen schönen Namen. Das sehen auch die Mediziner so, da heißen unsere Zehen ganz einfallslos »Digitus pedis«, was lateinisch ist und so viel heißt wie »Finger des Fußes«. Die werden von zwei bis fünf durchnummeriert, der Zeh neben dem großen Zeh, also quasi der »Zeige-Zeh«, ist zum Beispiel die Nummer zwei. Lediglich der große Zeh hat in der Fachsprache eine Sonderstellung und wird »Digitus primus pedis« genannt, also »Erster Finger des Fußes«. Sie dürfen ihn aber getrost weiter »großer Onkel« nennen, wenn Ihnen das gefällt.

Warum hat man morgens eigentlich »Schlaf« in den Augen, und woraus besteht der?

So schön die Vorstellung auch ist, der »Schlaf«, den wir morgens aus dem Auge pulen oder unter der Dusche wegspülen, ist kein Sand vom Sandmann, den der am Abend zuvor reingestreut hat, damit wir gut schlafen können. Bei diesen Krümeln handelt es sich vielmehr um Salz, und zwar um getrocknetes Tränensalz! Unsere Augen werden rund um die Uhr von Tränenflüssigkeit feucht und damit auch sauber gehalten. Nachts, wenn Sie schlafen, haben Sie die Augen für gewöhnlich geschlossen und benötigen deshalb weniger Befeuchtung. Die überschüssige Tränenflüssigkeit wird deshalb entweder über den Tränensack und die Nase abtransportiert oder sie trocknet schon vorher in den Augenwinkeln. Übrig bleibt nur das Salz.

Warum bekommt man Seitenstechen?

Das ist doch wirklich demotivierend. Da nimmt man sich vor, endlich mal gesünder zu leben, ein bisschen Sport zu treiben und Joggen zu gehen, und schon nach wenigen Metern ziept und zwickt es in der Seite. Mir zumindest vergeht da immer schlagartig die Lust, ich mache auf dem Absatz kehrt und latsche wieder nach Hause. Es gibt verschiedene Theorien, wie Seitenstechen entsteht. Lange Zeit hat man geglaubt, dass eine Durchblutungsstörung der Milz die Ursache wäre. Da die Milz aber links liegt und man Seitenstechen auf beiden Seiten bekommen kann, ist diese Theorie eher unwahrscheinlich. Vielmehr ist eine Sauerstoffunterversorgung des Zwerchfells schuld. Wenn wir schnell laufen, atmen wir auch schneller. Das Zwerchfell wird nicht mehr ausreichend durchblutet, damit auch nicht mehr ordentlich mit Sauerstoff versorgt, und meldet sich mit Seitenstechen. In dem Fall hilft am besten: Langsamer weiterlaufen, gleichmäßig und tief in den Bauch hineinatmen und mit der Hand dorthin drücken, wo es wehtut.

Warum werden Haare grau?

Haare werden gar nicht grau, tatsächlich werden sie weiß, und zwar dann, wenn unser Körper aufgrund unseres Alters oder krankheitsbedingt keinen Haarfarbstoff Melanin mehr bildet. Dass alle Haare zusammen insgesamt trotzdem grau wirken, liegt daran, dass das pigmentlose Haar zunächst noch von blonden, braunen, roten oder schwarzen Haaren umgeben wird. Erst wenn der Alterungsprozess so weit vorangeschritten ist, dass anstatt der »normalfarbigen« nur noch farblose Haare nachwachsen, erscheinen die Haare komplett weiß. Übrigens wachsen ausgefallene Haare an den Schläfen schneller nach, deshalb ergrauen die meisten Menschen da auch zuerst.

Warum gibt es so viel mehr Rechts- als Linkshänder?

Wenn Sie Linkshänder sind, sind Sie wirklich etwas Besonderes: Nur fünf bis zehn Prozent aller Menschen gehören dazu, alle anderen (wie ich auch) benutzen zum Schreiben, Kämmen, Schneiden usw. hauptsächlich die rechte Hand. Woran es liegt, dass das zahlenmäßige Verhältnis zwischen Links- und Rechtshändern so unausgeglichen ist, weiß man bis heute nicht genau. Vermutet wird, dass wir es unseren kämpfenden Vorfahren zu verdanken haben, dass so viele Menschen Rechtshänder sind. Um das Herz zu schützen, trug man den Schild in der linken Hand. Demzufolge musste man seine Waffe – die Axt, das Schwert, den Dolch, was auch immer – mit der rechten Hand halten. Und das soll uns nach Meinung der Forscher so in Fleisch und Blut übergegangen sein, dass die meisten von uns auch heute noch die rechte als »Haupthand« benutzen. Bei den Linkshändern könnten hormonelle Einflüsse im embryonalen Stadium dafür verantwortlich sein, dass sie alles »mit links« machen, bewiesen ist das aber nicht.

Warum knurrt unser Magen?

Nicht nur in den Armen und Beinen, auch im Magen haben wir ordentlich Muckis. Diese Muskeln bearbeiten die von uns verspeisten Lebensmittel und sorgen so dafür, dass die Nährstoffe mithilfe der Magensäfte aus den Nahrungsmitteln herausgelöst werden können. Wenn der Magen leer ist, ziehen sich seine Muskeln zusammen. Dabei wird Luft in den Darm gepresst, diese Luft wird von den Klappen des Dünndarms weitergeleitet, und das brummelt oft ganz schön laut.

Warum kann man sich eigentlich nicht selbst kitzeln?

Egal, wie kitzlig Sie auch sein mögen, wenn *andere* Hand an Sie legen, wenn Sie es *selbst* versuchen, wird Sie die Kitzelattacke garantiert kaltlassen. Das hat etwas damit zu tun, wie Ihr Gehirn Informationen verarbeitet. Permanent nimmt es unzählige Reize und andere Meldungen des Körpers wahr und erstellt dabei quasi eine »Prioritätenliste«, um wichtige von weniger wichtigen Informationen zu unterscheiden. Um auf potenzielle Gefahren von außen möglichst schnell reagieren zu können, sind wir für durch andere erzeugte *äußerliche* Reize besonders sensibilisiert. Wenn Sie sich nun selbst kitzeln, ist Ihr Körper bereits darauf vorbereitet, weil Ihr Kleinhirn die Information, dass es eine Bewegung gibt, sofort an das Großhirn weitergibt. Das Großhirn fährt daraufhin alle Nervensignale an der entsprechenden Körperstelle herunter. Somit ist das Kitzeln kein Überraschungsreiz mehr, und es lässt uns einfach kalt.

Warum schlafen viele Menschen bei Vollmond schlecht?

Forscher haben herausgefunden, dass die unterschiedlichen Mondphasen keinen Einfluss auf den menschlichen Schlaf haben. Dass trotzdem so viele Menschen das Gefühl haben, bei Vollmond schlechter zu schlafen, hat mehrere Gründe. Zum einen gibt es die sogenannte sich selbst erfüllende Prophezeiung. Wenn Sie wissen, dass Vollmond ist, und davon ausgehen, deshalb schlechter zu schlafen, werden Sie höchstwahrscheinlich auch eine unruhige Nacht verbringen. Und wenn Sie dann tatsächlich schlecht schlafen, speichern Sie das in Ihrem Gehirn unter »bei Vollmond schlafe ich schlecht« ab. Wenn Sie nun das nächste Mal bei Vollmond wieder schlecht schlafen, weil Sie das unbewusst schon erwartet haben, bestätigt das Ihre Erfahrung noch. Während Sie höchstwahrscheinlich nicht groß darüber nachdenken, wenn Sie trotz der gegenteiligen Erwartung in Vollmondnächten gut schlafen. Dass man immer genau dann auf etwas achtet, wenn es zur persönlichen Vorstellung passt, nennt man übrigens selektive Wahrnehmung. Zum anderen scheint – und das ist tatsächlich das einzig Störende, das man ihm tatsächlich vorwerfen kann – der Vollmond sehr hell. Allerdings kann sein Licht auch nur in wolkenlosen Nächten wirken. Zudem handelt es sich dabei nur um einen »Effekt« des Vollmonds, die Mondphasen an sich haben – wie gesagt – keinen Einfluss auf unseren Schlaf.

Warum tropft unsere Nase, wenn es kalt ist?

Schuld daran ist die Schleimhaut in der Nase, wobei sie es nur gut meint, muss man dazu sagen! Etwas (und für uns normalerweise unauffällig) feucht ist es in der Nase immer. Dadurch wird die Luft, die wir atmen, von Staub und anderen mikroskopisch kleinen Teilen gereinigt. Außerdem wirkt die feuchte Schleimhaut wie eine Barriere gegen Krankheitserreger. Wenn es nun sehr kalt ist, werden die Nervenenden in der besagten Nasenschleimhaut gereizt. Sie produziert extra viel Feuchtigkeit, um eine noch bessere Barriere gegen Keime aller Art aufzubauen, mitunter so viel, dass die Nase praktisch ausläuft. Wissenschaftler glauben, dass das passiert, weil der menschliche Körper in seiner Entwicklungsgeschichte gelernt hat, dass Infektionen bei Kälte schneller auftreten.

Übrigens: Je kälter und trockener die Luft ist, desto größer werden auch die Schwellkörper in der Nase. Deshalb hat man im Winter draußen auch oft das Gefühl, dass die Nase »zu« ist. Die vergrößerte Oberfläche bedeutet, dass mehr Kontaktfläche zwischen Schleimhaut und Luft besteht, wodurch letztere leichter angewärmt und angefeuchtet werden kann.

Warum bekommt man Durst, wenn man etwas Süßes isst?

Das kennen Sie garantiert auch: Sie essen im Sommer ein Eis und haben danach tierischen Durst. Das kommt daher, dass der Zucker aus dem Eis oder grundsätzlich aus allen Süßigkeiten die Magenschleimhäute und den Zwölffingerdarm stark reizt. Ihr Körper versucht, diesen Reiz abzuschwächen, indem er Wasser aus Ihrem Körper in den Magen-Darm-Trakt leitet, um den Zucker zu verdünnen. Somit entsteht im Wasserhaushalt des Körpers ein erheblicher Wassermangel, den Ihr Gehirn wiederum mit den Signalen »Durst!« und »Trinken!« auszugleichen versucht.

Warum haben Menschen erst Milchzähne, bevor sie ihre bleibenden Zähne bekommen?

Zum einen liegt das am Platzmangel. Ein Kindermund ist deutlich kleiner als der eines Erwachsenen, und es passen nicht so viele große Zähne hinein. Wenn unsere ersten Zähne blieben, sähe das bei einem ausgewachsenen Menschen nicht nur komisch aus, solche Zähne wären auch viel zu klein, um bis ins hohe Alter ihre Aufgaben zu erfüllen. Man kann aber auch nicht komplett zahnlos durchs Leben gehen, bis man erwachsen ist – das wäre ernährungstechnisch extrem schwierig –, deshalb gibt es fürs Erste Milchzähne. Dazu kommt: Unsere Zähne sind extrem raffiniert. Je nach Ernährungsgewohnheiten können Säugetiere (zu denen wir ja auch gehören) mit ihrem Gebiss abbeißen, nagen, knabbern und mahlen. Katzen können zum Beispiel mit ihren großen, scharfen Backenzähnen Fleisch sehr gut zerkleinern. Pferde wiederum haben eine

Kaufläche mit langen Kanten, mit denen Gras optimal zerrieben werden kann. Nun wäre es viel zu aufwändig, solche spezialisierten Zähne im Lauf eines Lebens mehrfach zu ersetzen. Sie müssen dauerhaft halten. Und deshalb bekommen wir – genauso wie Pferde, Hunde, Katzen und sogar Fledermäuse – unsere Schneide-, Eck- und Mahlzähne erst, wenn genug Platz dafür vorhanden und der Kiefer ausgewachsen ist.

Übrigens kommen in sehr seltenen Fällen auch schon Babys mit Milchzähnen zur Welt, der Volksmund sagt dazu »Hexenzähne«. Kaiserin Sisi und der französische Sonnenkönig Ludwig XIV. sollen mit solchen »Hexenzähnen« auf die Welt gekommen sein.

Warum schwitzen wir, wenn wir etwas Scharfes essen?

In scharfen Gerichten befinden sich bestimmte Stoffe, die uns sprichwörtlich den Mund verbrennen können. Diese Stoffe heißen unter anderem Isothiocyanate (in Senf und Meerrettich enthalten), Capsaicin (zuständig für die Schärfe in Chili und Paprika), Piperin (Pfeffer) oder auch Allicin (Knoblauch). Treffen die besagten Inhaltsstoffe auf unsere Schleimhäute, reizen sie die Wärmerezeptoren. Die Poren am ganzen Körper öffnen sich, und wir schwitzen. Womöglich ist das auch der Grund, warum in Ländern mit einem sehr warmen Klima gerne scharf gegessen wird. Durch das Schwitzen wird nämlich die Körpertemperatur gesenkt. Außerdem wirken sich scharfe Gewürze positiv auf die Stimmung aus, sie gelten sogar als Naturdroge! Der Grund: Unser Körper reagiert auf den Schmerz mit der Ausschüttung des Glückshormons Endorphin.

Warum werden die Menschen hierzulande immer größer als ihre Vorfahren?

Experten rechnen damit, dass im Jahr 2080 der deutsche Durchschnittsmann 1,94 Meter groß ist. Das sind stolze 15 Zentimeter mehr als heutzutage!! Sogenannte Auxologen, das sind Wissenschaftler, die das Längenwachstum erforschen, sehen für die stetig zunehmende Größe mehrere Auslöser am Werk. Erstens werden die Babys im Bauch der Mutter heute viel besser mit allen wichtigen Nährstoffen versorgt, als das früher der Fall war. Fast jede Schwangere nimmt Folsäure und extra Vitamine in Pillenform zu sich, damit sich der Fötus optimal entwickeln kann. Zweitens ist die Ernährung heutzutage viel proteinreicher als früher, was ebenfalls das Längenwachstum fördert. Drittens gibt es eine größere genetische Mischung und deutlich verbesserte soziale Bedingungen: Kinder werden zum Beispiel nicht mehr als Arbeitskräfte eingesetzt, und wir haben sehr hohe Hygienestandards. All das spielt höchstwahrscheinlich eine Rolle dabei, dass wir unseren Vorfahren »über den Kopf wachsen«.

Warum piepsen die Ohren nach einem lauten Konzert?

Das haben Sie in der Vergangenheit sicherlich auch schon das eine oder andere Mal erlebt: Nach einem Konzert- oder Discobesuch piepst, fiept und summt es teils noch stundenlang in den Ohren. Aber warum eigentlich? Ich habe gelesen, dass Mediziner und Forscher das bis heute auch nicht so hundertprozentig wissen. Vermutet wird, dass der extreme und ungewohnte Lärm die feinen Haarzellen im Innenohr schädigt und so einen vorübergehenden Tinnitus auslösen kann.

Warum haben alte Menschen so große Ohren?

Es kommt uns nicht nur so vor, es ist tatsächlich wissenschaftlich erwiesen: Alte Menschen haben deutlich größere Ohren als junge. Die Uni Potsdam hat herausgefunden, dass die Ohrmuschel bis ins hohe Alter weiterwächst, während der Rest des Körpers schrumpft oder in die Breite geht. Das liegt daran, dass sich die Knorpelzellen im Alter weiter munter teilen, während andere Körperzellen das nur noch sehr langsam oder gar nicht mehr tun. Wahrscheinlich wächst die äußere Ohrmuschel weiter, um einen Teil des altersbedingten Hörverlustes zu kompensieren.

Warum wechseln blaue Flecke ihre Farbe?

Wenn wir uns heftig stoßen, wird häufig ein Blutgefäß verletzt und Blut strömt in das umliegende Gewebe. Der Körper macht sich sofort daran, diese Wunde wieder zu verschließen und auch das ausgetretene Blut abzubauen. Dabei spaltet er zunächst Sauerstoff vom Hämoglobin im Blut ab. Wenn das passiert, färbt sich das ursprünglich rote Blut blau. Nach etwa vier Tagen beginnen Enzyme dann das übrige Hämoglobin abzubauen, dabei entsteht zunächst das sogenannte Biliverdin. Dieses »-verdin« gibt schon einen Hinweis auf die Farbe, »verde« ist ja das italienische Wort für grün. Einige Tage später haben die Enzyme dann fleißig weitergearbeitet und das Biliverdin in Bilirubin umgewandelt, das den Fleck gelb erscheinen lässt. Nach zwei bis drei Wochen hat der Körper alle Abbauprodukte gänzlich ausgeschieden, der ehemals blaue Fleck ist verschwunden.

Warum gähnen wir?

Weitverbreitet ist ja der Glaube, dass man gähnt, weil man unter Sauerstoffmangel leidet. Stimmt nicht, haben Forscher herausgefunden. Menschen, die in ihrem Blut eine hohe Sauerstoffkonzentration haben, gähnen nämlich genauso oft wie alle anderen. Tatsächlich bringt uns das Gähnen wieder etwas in Schwung, wenn wir müde sind. Denn während wir herzhaft gähnen, schlägt unser Herz schneller und pumpt dadurch mehr Blut ins Gehirn, das dadurch besser arbeiten kann. Außerdem wird das Blut auf dem Weg in unser »Oberstübchen« etwas »gelüftet«. Schließlich öffnen wir dabei ja den Mund, und die einströmende Luft kühlt die vielen kleinen Adern im Mund-, Nasen- und Rachenraum.

Warum fühlt es sich so unangenehm an,
wenn man auf Alufolie beißt?

Die Erfahrung haben Sie bestimmt auch schon mal gemacht: Sie beißen genüsslich von einer Tafel Schokolade ab, dummerweise ist aber noch ein Stück der umwickelnden Alufolie mit dabei, und in Ihrem Mund zieht sich alles zusammen. Dieses Gefühl kennen fast alle Menschen, die Amalgamplomben in ihren Zähnen haben oder mal hatten. Amalgam ist eine Legierung, die hauptsächlich aus den Metallen Silber, Kupfer, Zinn und Quecksilber besteht. Wenn man nun mit Amalgam im Mund auf Alufolie beißt, entsteht, ähnlich wie bei einer kleinen Batterie, ein schwacher Stromfluss zwischen dem Aluminium und der Plombe, wobei der Speichel als Stromleiter fungiert. Dieser Stromfluss sorgt für das unangenehme Gefühl im Mund und kann sogar Schmerzen im Nerv des Zahns auslösen.

Warum ist Gähnen ansteckend?

Schuld an diesem »Gruppenzwang« sind die Spiegelneuronen in unserem Gehirn. Dank dieser speziellen Nervenzellen nehmen wir wahr, was gerade mit einem anderen Menschen passiert, und handeln dann meist dementsprechend. Wenn beispielsweise ein weinendes Kind vor uns steht, empfinden wir Mitgefühl und trösten es. Wenn ein Baby beim Füttern sieht, wie seine Mutter einladend den Mund öffnet, öffnet es seinen Mund unbewusst auch. Und wenn jemand Wildfremdes in der U-Bahn gähnt, gähnen wir mit. In Tests stellte sich heraus, dass nicht alle Menschen gleich stark auf gähnende Personen reagieren. Solche, die dagegen fast »immun« waren, hatten auch in anderen Situationen Schwierigkeiten, sich in andere Menschen hineinzuversetzen. Und das noch am Rande: Gähnen ist nicht nur bei Menschen ansteckend, auch Affen und beispielsweise Hunde zeigen sich solidarisch mit Gähnern und gähnen mit.

Warum frieren Frauen schneller als Männer?

Wir Frauen können nichts dafür, dass wir solche Frostbeulen sind, schuld daran ist unsere Körperzusammensetzung. Bei Frauen ist die sogenannte metabolisch aktive Körpermasse – sprich: die Muskulatur – deutlich weniger ausgeprägt als bei Männern. Zum Vergleich: Der weibliche Körper besteht statistisch gesehen zu 25 Prozent aus Muskelmasse und zu 25 Prozent aus Fett. Der Körper des Mannes dagegen besteht – laut Statistik – nur zu 15 Prozent aus Fett und zu 40 Prozent aus Muskeln. Fett kann zwar Wärme isolieren, aber keine erzeugen. Das wiederum können nur Muskeln. Und weil Männer –

wie eben gelernt – deutlich mehr Muskeln haben, wird ihnen auch nicht so schnell kalt.

Warum reiben wir uns vor Müdigkeit die Augen?

Wenn wir müde sind, schaltet unser Körper seine Funktionen in den »Ruhemodus«. Auch die Tränendrüse arbeitet nur noch auf Sparflamme, was zur Folge hat, dass weniger Tränenflüssigkeit produziert wird. Der Feuchtigkeitsfilm auf der Hornhaut reißt daraufhin auf, die Augen werden trocken und fangen an zu jucken. Durch das Reiben der Augen kann man kurzfristig die vorhandene Flüssigkeit verteilen und den Film wieder schließen. Nach kurzer Zeit geht das Spiel mit den trockenen, juckenden Augen aber wieder von vorne los. Deshalb schafft wirkliche Abhilfe nur eins: schlafen.

Warum werden wir rot, wenn uns etwas peinlich ist?

Wie stark wir in peinlichen Momenten erröten, hängt von zwei Faktoren ab: zum einen von der Reizschwelle – manche Menschen sind hart im Nehmen, andere werden schon bei einem schlüpfrigen Witz knallrot –, zum anderen von der Hautfarbe. Bei sehr blassen Menschen fällt das Erröten viel mehr auf, als dass beispielsweise bei sonnengebräunter Haut der Fall wäre. Wenn wir erröten, passiert Folgendes in unserem Körper: Das sogenannte Emotionszentrum in unserem Gehirn schickt in peinlichen – oder auch ärgerlichen – Situationen über die Nervenstränge des vegetativen Nervensystems Impulse an die Adern und gibt ihnen den Befehl, sich zu weiten. Durch die vergrößerten Gefäße kann mehr Blut fließen. So gelangt mehr

Sauerstoff in alle Zellen des Körpers, der damit für »Kampf oder Flucht«, die aus der Urzeit stammenden Standardreaktionen auf Schwierigkeiten, fit gemacht wird. Weil wir in solchen Situationen oft auch eine beschleunigte Atmung und einen schnelleren Herzschlag haben, wird eben auch ordentlich Blut ins Gesicht gepumpt. Dadurch werden wir rot, was eine völlig natürliche Reaktion des Körpers auf Scham oder Wut ist.

Übrigens: Es gibt auch Menschen, die eine krankhafte Angst vor dem Rotwerden haben, und diese Angst vor dem Erröten nennt man Erythrophobie.

Warum kann man im Schlaf nicht niesen?

Um es gleich vorwegzunehmen: An dieser Antwort habe ich mir ganz schön die Zähne ausgebissen. Wirklich befriedigende Gründe und echte Expertenmeinungen habe ich leider dazu auch nach langem, langem Suchen nicht finden können. Im Netz gibt es einige Menschen, die berichten, sie würden sehr wohl regelmäßig nachts niesen und davon wach werden. Meine eigene Umfrage unter Freunden, Kollegen und Verwandten hat aber ergeben, dass von diesen noch nie jemand im Schlaf geniest hat. Aber vielleicht tun die es ja doch alle und können sich, genau wie ich, nur einfach nicht daran erinnern. In einem Gesundheitsblog habe ich einen Text darüber gefunden, dass man während der REM-Phase des Schlafes – das sind zwei bis drei Stunden pro Nacht – auf keinen Fall niesen kann, weil da die Reizsignale nicht von der Nase ans Gehirn weitergegeben werden können.[17] Ob das wirklich so ist, kann ich auch nicht entscheiden, es klingt für mich aber ganz plausibel.

Warum wird man im Winter häufiger krank?

Amerikanische Wissenschaftler haben herausgefunden, dass Umweltfaktoren wie Luftfeuchtigkeit und Temperatur einen großen Einfluss auf Infektionswellen haben. In kalter, trockener Luft können sich Viren besser ausbreiten, als wenn es draußen schwülwarm ist. Vermutet wird, dass dafür mehrere Faktoren verantwortlich sind: Unter anderem der, dass unsere Schleimhäute in der Kälte austrocknen und anfälliger für Krankheitserreger werden. Auch unser Immunsystem ist im Winter anders »gepolt« als in den anderen Jahreszeiten. Viele leiden wegen des im Winter spärlich portionierten Sonnenlichts unter einem Vitamin-D-Mangel, was ebenfalls empfänglicher für Erkältungsviren macht. Schließlich kommt hinzu, dass wir uns im Winter häufiger mit anderen Menschen in geschlossenen Räumen aufhalten, was die Ansteckungsgefahr auch noch mal beträchtlich erhöht.

WEIHNACHTEN

Sehr zum Leidwesen meines Mannes bin ich ein absoluter Weihnachts-Junkie. Wenn es nach mir ginge, würde ich schon Anfang Oktober die Weihnachtsdeko aus dem Keller holen, die umfangreiche Weihnachts-CD-Sammlung in der Dauerschleife laufen lassen und mir eine Schneekanone zulegen, damit es draußen nach Winter-Wonder-Land aussieht. Das mache ich dann aber alles doch nicht, schließlich möchte ich gerne noch länger mit meinem Mann verheiratet sein. Stattdessen habe ich mich ausführlich mit all den zauberhaften Advents- und Weihnachtsbräuchen beschäftigt, und was ich dazu rausgefunden habe, lesen Sie in diesem Kapitel.

Warum gibt es bei uns am Heiligabend Geschenke, in Amerika erst am 25. Dezember?

Tatsächlich findet in den meisten Ländern der Welt die Bescherung erst am 1. Weihnachtsfeiertag statt. Lediglich in Deutschland, der Schweiz, Liechtenstein, Österreich, Ungarn, Polen, Portugal, Skandinavien und in Argentinien gibt es traditionell schon an Heiligabend die Geschenke. Eine hundertprozentig hieb- und stichfeste Begründung für die unterschiedliche Handhabung gibt es leider nicht. Am sinnvollsten erscheint mir die Erklärung, dass der Tag nach dem antiken Kalender mit dem Sonnenuntergang endet. Somit gehört der Abend des 24. Dezembers liturgisch gesehen schon zum 1. Weihnachtsfeiertag, und deshalb kann man sich da auch schon gegenseitig beschenken. Nicht sehr wissenschaftlich, aber doch sehr schön finde ich die Begründung, die ich bei der Recherche in einem Internetforum gelesen habe: »Der Weihnachtsmann braucht eben etwas Zeit, um einmal um die halbe Erde zu kreisen! Und bis er dann in den USA angekommen ist, ist der 24. Dezember eben schon vorbei!«[18] Was für ein Glück, dass er unsere Geschenke zuerst bringt, sonst müssten wir auch so lange warten! Das könnte ich kaum aushalten.

Warum stellt man sich an Weihnachten einen Tannenbaum ins Zimmer?

Es gibt keinen »Erfinder« des Christbaums, die Sitte des Baum-Aufstellens entwickelte sich aus mehreren Bräuchen verschiedener Kulturen. Die Tradition, sich zur Jahreswende das Haus mit immergrünen Zweigen zu schmücken, ist schon uralt, bereits die alten Römer haben es sich mit Lorbeerzweigen hübsch gemacht. Die Idee dahinter: In diesen immergrünen Pflanzen steckt Lebenskraft, und deshalb glaubte man, sich damit Gesundheit ins Haus zu holen. Außerdem weckte das Grün Hoffnung auf die Wiederkehr des Frühlings, und man wollte damit böse Geister abwehren. Im Mittelalter wurden dann traditionell an Heiligabend sogenannte Paradiesspiele in der

Kirche aufgeführt, bei denen man Adams und Evas gedachte und dazu einen mit Äpfeln behängten Baum aufstellte. Im Jahr 1605 wird der Christbaum das erste Mal als Teil eines Weihnachtsbrauches erwähnt. Zu dieser Zeit stellte man wohl in den Stuben Tannenbäume auf, die mit bunten Papierrosen, Äpfeln, Oblaten, vergoldeten Metallblättchen und Zucker behängt wurden. Den ersten Weihnachtsbaum mit brennenden Kerzen soll 1611 die Herzogin Dorothea Sibylle von Schlesien aufgestellt haben.

Übrigens: Bis zum Ende des 19. Jahrhunderts war es in manchen Regionen üblich, den Weihnachtsbaum – gerne auch verkehrt herum – an der Zimmerdecke aufzuhängen. Im niederösterreichischen Waldviertel findet man in älteren Gebäuden heute noch Haken zur Befestigung des Weihnachtsbaumes an der Zimmerdecke.

Geben Sie es zu, Sie haben wahrscheinlich das Wort »X-Mas« bislang auch für eine völlig überflüssige amerikanische Erfindung gehalten, eine ähnlich nervige Erscheinung wie der ganze seit kurzem auch in Deutschland auftretende Bohei um Halloween. Damit befinden Sie sich in bester Gesellschaft. Der Verein Deutsche Sprache hat 2008 das Wort »X-Mas« zum überflüssigsten und nervigsten Wort des Jahres gekürt. Die Begründung: X-Mas stehe im Gegensatz zu allem, was man mit Weihnachten verbinde, nämlich Gemütlichkeit, deutsche Weihnachtstraditionen, Romantik und Christlichkeit. Tatsächlich ist dieses X-Mas aber gar keine neumodische amerikanische Erfindung. Schon seit frühchristlicher Zeit dient der griechische Buchstabe »Chi« – in griechischen Lettern »X« – als Abkürzung für das Wort Christos. Während der Christenverfolgung diente das X auch als geheimes Erkennungszeichen der

Christen untereinander. Der älteste schriftliche Beleg für die Verwendung der Schreibweise X-Mas statt Christmas stammt aus dem Jahr 1551. Heutzutage wird es im englischsprachigen Raum aber wohl vor allem verwendet, weil es cool und witzig aussieht. Womit wir wieder beim Verein Deutsche Sprache wären und der Tatsache, dass cool und witzig nichts mit Romantik und Gemütlichkeit zu tun haben …

Warum nennt man die Tage von Weihnachten bis Silvester »zwischen den Jahren«?

Korrekterweise muss man sagen, dass die Tage »zwischen den Jahren« nicht nur bis Silvester, sondern sogar bis zum Dreikönigstag, dem 6. Januar, gehen. Schuld an dieser Redewendung ist die Uneinigkeit über den Zeitpunkt der Geburt Jesu und den Beginn des neuen Jahres. Ursprünglich begann das römische Amtsjahr – das schon im Jahr 153 vor Christi Geburt eingeführt worden war – am 1. Januar. Die Christen wollten jedoch das Jahr erst am 6. Januar beginnen, an diesem Tag feierten sie nämlich die Taufe Jesu. Mitte des vierten Jahrhunderts bestimmte die Kirche dann, dass ab sofort der 25. Dezember sowohl der Geburtstag Christi als auch der erste Tag des neuen Jahres sein sollte. Im Mittelalter wurde der Neujahrstermin dann noch ein paarmal gewechselt, bis Papst Innozenz XII. im Jahr 1691 den Beginn des neuen Jahres endgültig auf den 1. Januar festsetzte. Bis sich das überall durchgesetzt hatte – vor allem auch in den protestantischen Gegenden –, herrschte aber weiter ein ziemliches kalendarisches Kuddelmuddel, nicht selten gab es selbst in benachbarten Städten unterschiedliche Termine für den Jahresanfang. All das begründete den Ausdruck

»zwischen den Jahren«, denn irgendwo herrschte immer gerade schon oder noch das andere Jahr.

Warum heißt die Zeit vor Weihnachten »Adventszeit«?

Das Wort Advent stammt ab von dem lateinischen Begriff »adventus« und bedeutet so viel wie »Ankunft«. Gemeint ist die Ankunft Jesu Christi an Heiligabend, der die Christen gedenken und auf die sie sich in den Wochen vor Weihnachten vorbereiten. Erstmals wurde die Adventszeit im fünften Jahrhundert im Gebiet um Ravenna in Italien gefeiert, manchmal mit vier, manchmal aber auch mit sechs Adventssonntagen. Im sechsten Jahrhundert wurde dann von Papst Gregor dem Großen festgelegt, dass es fortan vier Adventssonntage geben sollte. Und daran hat man sich gehalten.

Warum heißt der Pfefferkuchen »Pfefferkuchen«?

Dazu habe ich zwei unterschiedliche »Lehrmeinungen« gefunden. Die eine besagt, dass im 13. Jahrhundert neben den typischen Gewürzen wie Zimt, Nelken, Anis und Muskat mancherorts tatsächlich Pfeffer in den Lebkuchenteig gemischt wurde. Später wurde er als Zutat wieder gestrichen (Ich kann mir auch nicht vorstellen, dass das wirklich geschmeckt haben soll!), der Name hatte sich aber schon so etabliert, dass es dabei blieb. Die andere Theorie lautet, dass Pfeffer kein Lebkuchenbestandteil war, sondern im Mittelalter die besagten exotischen Gewürze ganz allgemein als *Pfeffer* bezeichnet wurden.

Warum stellt man am Nikolaustag eigentlich Stiefel vor die Tür?

Der Nikolaustag geht zurück auf den gleichnamigen Bischof von Myra, der irgendwann im dritten Jahrhundert in der heutigen Türkei geboren wurde. Seiner gedacht wird an seinem Todestag, dem 6. Dezember. Nikolaus erbte das gesamte Vermögen seiner sehr reichen Eltern. Angeblich verteilte er es komplett und oft heimlich an die Armen und die Kinder in seiner Umgebung. Auch sonst erwies er sich als ein sehr großzügiger und gerechter Mann, weshalb er von vielen zum Schutzpatron erkoren wurde, zum Beispiel von den Seefahrern, Reisenden, Pilgern, Händlern, den Armen und natürlich auch von den Kindern. Der Brauch mit den Stiefeln geht auf die Legende zurück, dass es zu Nikolaus' Lebzeiten einen gottesfürchtigen Mann in seiner Stadt gegeben habe, der drei Töchter hatte. Die Familie sei so bettelarm gewesen, dass kein Geld für die Aussteuer der Mädchen vorhanden war, und in seiner Not hätte sich der Mann keinen anderen Rat mehr gewusst, als seine Töchter auf die Straße zu schicken, um dort gegen Geld – Sie wissen schon – »Liebesdienste« zu verrichten. Nikolaus habe die Mädchen vor diesem Schicksal gerettet, indem er ihnen drei Klumpen Gold durch den Kamin warf. Diese Goldklumpen seien direkt in die Socken gefallen, die dort zum Trocknen hingen. Aus dieser Legende hat sich der Brauch entwickelt, Socken am Kamin aufzuhängen oder Stiefel vor die Tür zu stellen.

Warum soll man Glühwein auf keinen Fall kochen, sondern nur erhitzen?

Dafür gibt es drei handfeste, sehr gute Gründe: Erstens verdampft der im Glühwein enthaltene Alkohol bereits bei 78 °C, und man trinkt ja Glühwein und keinen Kinderpunsch, weil man da ein paar Umdrehungen drinhaben will. Zweitens können die Gewürze – also Zimt, Gewürznelken und so weiter – durch das Kochen bitter werden, was auch keiner will. Und drittens entsteht beim Kochen des Glühweins das Zuckerabbauprodukt Hydroxymethylfurfural, von dem man annimmt, dass es krebserregend ist. Also den Glühwein immer nur schön erwärmen, das ist gesünder, schmeckt besser und sorgt für eine lustige Vorweihnachtszeit.

Warum stellt man sich eigentlich einen Adventskranz hin?

»Wer hat's erfunden?«, könnte man an dieser Stelle auch fragen, und diesmal lautet die korrekte Antwort nicht »Die Schweizer!«, sondern: »Johann Hinrich Wichern!« Der war Theologe und lebte im 19. Jahrhundert in Hamburg. Offenbar hatte der Mann ein großes Herz, denn er nahm sehr arme Kinder bei sich auf, um ihnen ein besseres Leben zu bieten, und zog sie groß. Und wie das so ist mit Kindern in der Adventszeit, wurde da natürlich auch täglich die Frage gestellt: »Wann ist denn endlich Weihnachten?« Eines schönen Tages im Jahr 1839 hatte Johann Hinrich Wichern die Faxen dicke von der vielen Fragerei und baute aus einem alten Wagenrad einen Holzkranz. Den schmückte er mit 19 kleinen roten Kerzen für die Wochentage und vier großen weißen Kerzen für die Adventssonntage. Das Prinzip ähnelte dem Adventskalender, es wurde täglich eine Kerze mehr angezündet, und die Kinder wussten: Wenn alle Kerzen brennen, ist morgen Heiligabend. Von da an wurde das Ex-Wagenrad jedes Jahr im Advent aufgestellt – ab 1860 übrigens auch mit Tannengrün geschmückt –, als Symbol für die Hoffnung auf das ewige Leben. Und dieser Brauch hat sich in der ganzen Welt verbreitet. Manche sind der Auffassung, dass es den Adventskranz schon lange vor dem 19. Jahrhundert und somit auch lange vor Johann Hinrich Wichern gab. Das liegt an einem Gedicht über den Adventskalender, das oft irrtümlich dem deutschen Dichter Matthias Claudius zugeschrieben wird, der von 1740 bis 1815 gelebt hat. In Wahrheit hat es aber sein Urenkel Hermann Claudius geschrieben, und der lebte nach Johann Hinrich Wichern.

Warum hängt man in der Vorweihnachtszeit einen Adventskalender auf?

Damit die Kinder wissen, wie lange es noch bis Heiligabend ist und sich dabei die Wartezeit versüßen können, so viel ist klar. Aber es muss ja jemanden gegeben haben, der sich das mit dem Adventskalender mal ausgedacht hat. Die Ursprünge gehen zurück bis ins 19. Jahrhundert, damals wurden in frommen Familien Anfang Dezember 24 Kreidestriche an die Wand oder die Tür gemalt. Bis Heiligabend durften die Kinder jeden Tag einen Strich wegwischen. Das war die Sparvariante. Ähnlich kostengünstig: Man legte 24 Strohhalme in eine kleine Holzkrippe. Wer es aufwändiger mochte, hängte jeden Tag ein Bild an die Wand, natürlich mit einem religiösen Motiv. 1851 soll es den ersten selbst gebastelten Adventskalender gegeben haben, wobei leider in keiner von mir konsultierten Quelle etwas darüber zu finden war, wer denn nun diesen Kalender gebastelt hat. Möglicherweise handelte es sich um die Mutter von Gerhard Lang, der allerdings erst 1881 geboren wurde, dafür lebte er ganz schön lang, er starb 1974 im Alter von 93 Jahren. Mutter Lang hatte, als Gerhard noch ein Kind war, 24 Kästchen auf einen Karton gezeichnet und auf jedem dieser Kästchen ein Gebäckstück befestigt. Als Klein-Gerhard dann groß und Teilhaber einer lithographischen Anstalt war, ließ er 1908 Adventskalender drucken, die allerdings noch fensterlos waren. Man schnitt jeden Tag ein buntes Bild aus und klebte es auf einen Bogen mit 24 Feldern. Der erste Türchen-Kalender erschien etwa um 1920, und aus dem Hause Lang kam auch der erste Schoko-Adventskalender, das »Christkindleinhaus zum Füllen mit Schokolade«. Ende der 1930er-Jahre musste Gerhard Lang seinen Betrieb aufgeben. Mit dem Beginn des Zweiten Weltkriegs verknappte das Papier, und es wurde verboten, Bildkalender herzustellen. Damals wurden in Deutschland Adventskerzen sehr populär, die jeden Tag bis zur nächsten Markierung abgebrannt wurden. Solche Adventskerzen gibt es ja heutzutage auch wieder.

Warum küsst man sich unterm Mistelzweig?

Das ist mal wieder so ein Brauch, der so uralt ist, dass seine Entstehung nicht eindeutig geklärt werden kann. Möglicherweise liegt der Ursprung bei den Galliern und ihren Priestern, den Druiden. Für sie war die Mistel eine heilige Pflanze und wurde mit einer goldenen Sichel geschnitten und anschließend verbrannt, um ewige Liebe zu erwirken.

Warum geht die Weihnachtszeit offiziell bis zum 6. Januar?

Spätestens ab dem 27.12. ist doch eigentlich »die Luft raus«! Aber ursprünglich hat man die Geburt Jesu und die Anbetung durch die Heiligen Drei Könige am 6. Januar gefeiert. Die früheste Erwähnung dazu geht auf das Jahr 336 zurück, und in einigen Ländern (wie zum Beispiel Russland) wird auch heute noch erst an diesem Tag das klassische Weihnachtsfest, wie wir es kennen, gefeiert, mit der ganzen Familie, Geschenken und allem Drum und Dran. Gegen Ende des vierten Jahrhunderts wurden die beiden Feste voneinander getrennt, die Geburt Jesu wurde quasi »vorverlegt« auf den 25. Dezember, und das Fest der Heiligen Drei Könige sollte weiterhin am 6. Januar stattfinden.

Übrigens: Wenn Sie es genau wissen wollen, dauert die Weihnachtszeit eigentlich noch viel länger als bis zum 6. Januar. Wie lange, darüber sind sich die evangelische und die katholische Kirche aber selbst nicht einig. Für die Katholiken geht Weihnachten streng genommen bis zum 2. Februar, dem Lichtmessfest. Die Protestanten könnten, wenn sie wollten, noch bis zu sechs Wochen nach dem Epiphanias-Tag (also besagtem 6. Januar) den sogenannten Weihnachtsfestkreis feiern, das wäre also bis Mitte Februar!

ZU HAUSE UND IN ALLER WELT

Ob auf Shoppingtour in New York, in einer Blockhütte irgendwo in Kanada mit gruselig riesengroßen Bärentatzenabdrücken vor der Tür oder ganz chic auf der Queen Mary 2 (auf der ich einmal im Jahr aus beruflichen Gründen mitfahren und moderieren darf), ich liebe es, zu reisen! Und wenn man woanders ist und mit einigermaßen offenen Augen durch die Welt geht, stellen sich automatisch eine ganze Menge Fragen, es heißt ja nicht umsonst »andere Länder, andere Sitten«. Warum sind die Taxis in den USA eigentlich alle gelb? Warum gibt es überhaupt Zeitzonen, und wer hat die erfunden? Und warum wird New York auch »Big Apple« genannt? Aber auch in Deutschland gibt es einige landestypische Bräuche und Gegebenheiten, die Fragen aufwerfen. Oder könnten Sie ganz spontan sagen, warum unsere Flagge die Farben Schwarz, Rot und Gold zeigt?

Warum gibt es eigentlich Zeitzonen, und wer hat die erfunden?

Wie so oft im Leben musste sich erst einmal jemand tüchtig ärgern, bevor etwas Neues erfunden werden konnte. In dem Fall handelte es sich im Juni 1876 um den kanadischen Eisenbahningenieur Sir Sandford Fleming, der sich darüber ärgern musste, dass ein Bahnmitarbeiter beim Erstellen des Fahrplans die im Englischen noch heute üblichen Kürzel »a. m.« und »p. m.« verwechselt hatte. Sir Sandford Fleming verpasste deshalb seinen Zug, was nicht passiert wäre, wenn der Tag schon damals logisch in 24 Stunden und nicht in zwei Hälften à zwölf Stunden eingeteilt gewesen wäre. Noch viel schlimmer war aber, dass damals so ziemlich jeder seine eigene Zeitrechnung aufstellte. Nicht nur Staaten und Länder, sogar die Eisenbahngesellschaften! Letztere richteten sich nach der Uhrzeit des jeweiligen Firmensitzes. Heißt: Die »Pennsylvania Railroad« hielt auf ihrer gesamten Route an der Zeit von Philadelphia fest. Den besagten Eisenbahningenieur Fleming nervte das alles so sehr, dass er die Zeitzonen entwarf. Dafür teilte er die 360 Längengrade der Erde durch die 24 Stunden des Tages und erfand somit eine einheitliche Weltzeit. Sie gilt seit Oktober 1884, als sie in Washington D.C. auf der »Meridian-Konferenz« international beschlossen wurde.

Warum wird New York auch »Big Apple« genannt?

Dazu gibt es die unterschiedlichsten Theorien. Zum Beispiel die, dass der Name auf die Jazzszene der 1930er-Jahre zurückgeht. Damals gab es unter den Musikern den Spruch: Am Baum des Erfolgs hängen viele Äpfel, aber wenn du New York pflückst, dann pflückst du den größten von allen, den »Big Apple«. Heißt: Wenn du es da geschafft hast, bist du ganz oben angekommen. Bereits 1924 gab es aber schon eine Ballade, in der »big apples« mit New York in Verbindung gebracht wurden, und zwar heißt es da: »Vergiss New Orleans, vergiss die Häschen in Texas – es gibt nur einen Ort, wo du sein musst – nur in New York, wo die Mädchen ihre ›big apples‹ zeigen.« Zur gleichen Zeit lebte in New York ein Journalist namens John J. Fitzgerald, auch er könnte maßgeblich daran beteiligt gewesen sein, den Spitznamen populär zu machen. Er schrieb nämlich eine Kolumne über den Pferderennsport in der Stadt mit dem Titel »Around the Big Apple«. Den Spitznamen »Big Apple« hatten sich seinen Angaben zufolge schwarze Stallknechte aus New Orleans ausgedacht, die wussten: In New York konnte man mit seinen Pferden »big money« machen, und wenn das nicht klappte, bekamen die Tiere wenigstens einen »big apple«. Am wahrscheinlichsten geht der fruchtige Beiname aber auf den Schriftsteller Edward S. Martin zurück. Der hatte schon 1909 ein Buch mit dem Titel »The Wayfarer in New York« veröffentlicht und darin geschrieben, dass der Rest der Vereinigten Staaten »gerne denkt, dass der große Apfel einen unausgewogenen Anteil des nationalen Saftes bekommt«, im Klartext: mehr Geld einstreicht als alle anderen Städte und Metropolen in den USA.

Warum sind Fußballtore genau 2,44 Meter hoch und 7,32 Meter breit?

Aus dem gleichen Grund, warum der Basketballkorb in der krummen Höhe von 3,048 Metern hängen sollte. In vielen Sportarten (wie zum Beispiel Fuß- und Basketball) wurden die Maße ursprünglich in »feet« gemessen. Der heute übliche Englische Fuß (foot) beträgt 30,48 Zentimeter. Als man auch außerhalb von England Fußballtore bauen wollte, hat man die englischen 8 x 24 Feet einfach in Meter umgerechnet, und heraus kamen diese seltsamen Werte.

Übrigens: Aus einem ganz ähnlichen Grund müssen bei einem Marathon 42 195 Meter gelaufen werden. Diese »krumme« Streckenlänge geht zurück auf die Olympischen Spiele 1908, die in London stattgefunden haben. Als Startpunkt wurde damals das Schloss Windsor festgelegt. Nach den damals üblichen 25 Meilen (ca. 40 Kilometer) fehlte aber noch ein ganzes Stück bis zur königlichen Tribüne im Stadion, wo der Lauf enden sollte. Also hängte man einfach kurzerhand noch ein Stück an.

Warum dauert der Flug von Europa nach New York hin länger als zurück?

Das ist keine Seltenheit: Der Flug von Frankfurt nach New York dauert achteinhalb Stunden, der Rückflug nur sechseinhalb! Die Zeitersparnis von zwei Stunden verdanken wir dem sogenannten Jetstream. Das ist ein sehr starker Höhenwind, besser gesagt ein Windband, das sich in einer Höhe von zehn bis zwölf Kilometern zwischen verschiedenen Temperaturregionen beziehungsweise Hoch- und Tiefdruckgebieten bildet und horizontal mit einer Geschwindigkeit von bis zu 540 Stundenkilometern von Westen nach Osten pustet. Dieser Jetstream gibt dem Flugzeug auf seinem Weg von Amerika nach Europa – aber natürlich beispielsweise auch von Europa nach

Asien – quasi »Rückenwind«. Viele Fluggesellschaften nutzen ihn, um eine höhere Geschwindigkeit und vor allem einen niedrigeren Treibstoffverbrauch zu erreichen, also im Klartext: um bares Geld zu sparen.

Warum ist der »Stille Ozean« eigentlich still?

Ist er gar nicht. Gerade im Stillen Ozean – oder dem Pazifik, wie er auch heißt – gibt es häufig heftige Stürme. Seinen Namen verdankt der »Stille Ozean« Ferdinand Magellan. 1520 entdeckte der portugiesische Seefahrer zwischen Feuerland und der Südspitze Südamerikas die Einfahrt vom Atlantik in den Pazifik, die sogenannte Magellanstraße. Da dieser Teil seiner Reise völlig störungsfrei und ruhig ablief, sprach er von »pacificus«, was lateinisch ist und »friedlich«, »still« heißt.

Übrigens: Inzwischen müsste der »stille« eigentlich in den »lauten Ozean« umgetauft werden. Allein in den letzten 40 Jahren hat sich nämlich dort vor allem wegen des Schiffsverkehrs der Lärmpegel verzehnfacht.

Warum ist Washington D.C. eigentlich die Hauptstadt der USA?

Washington D.C. ist seit dem 11. Juni 1800 die ständige Hauptstadt der Vereinigten Staaten. Zuvor waren es – nach der Ratifizierung der Verfassung – für zwei Jahre New York (1788 bis 1790) und von 1790 bis 1800 Philadelphia. Der Grund für dieses ständige Umziehen lag darin, dass sich der amerikanische Kongress nicht auf eine bestehende Stadt als ständigen Regierungssitz einigen konnte. Deshalb wurde beschlossen, eine ganz neue Stadt zu gründen. George Washington, Gründervater der USA und ihr erster Präsident, suchte den Standort für die zukünftige Hauptstadt aus und gab ihr zugleich seinen Namen. Seine Entscheidung fiel auf ein Quadrat von genau zehn mal zehn Meilen sumpfigen Wiesengebiets, das aus den Staaten Maryland und Virginia herausgenommen wurde. Damit wurde gleichzeitig ein eigener Verwaltungsbezirk geschaffen, weil man wollte, dass sich der neue Regierungssitz auf neutralem, unabhängigem Staatsgebiet befindet. Dieser Verwaltungsbezirk wurde zu Ehren des Amerika-Entdeckers Christoph Kolumbus »District of Columbia« genannt, abgekürzt »D.C.«.

Warum sagen wir manchmal »Holland« und manchmal »Niederlande«?

Weil »wir« im Erdkundeunterricht wahrscheinlich gerade geschlafen haben, als das durchgenommen wurde ... Also: Wenn man das komplette Nachbarland meint, muss man korrekterweise »Niederlande« sagen, denn damit bezeichnet man alle zwölf Provinzen des Landes. Ein Sechstel davon ist Holland, denn zwei dieser zwölf Provinzen heißen »Zuid-Holland« und »Noord-Holland«. Sie befinden sich im Westen der Niederlande. Wenn man die »Niederlande« nur mit »Holland« bezeichnet, ist das so, wie wenn man Großbritannien meint und nur »England« sagt. Und genau wie bei einem Großteil der Briten kommt das auch bei den meisten Niederländern nicht besonders gut an.

Warum sind Taxis in Deutschland immer beige?

Genau genommen sind sie gar nicht beige, sondern »hellelfenbein«, sie tragen alle die genormte RAL-Farbe Nummer 1015. Gesetzlich beschlossen wurde das 1971, weil man erreichen wollte, dass die Taxen im Dunkeln besser zu erkennen sind und sich in der Sonne nicht so aufheizen. Vorher waren sie nämlich schwarz, und im Sommer konnte man es darin kaum aushalten. In einigen Bundesländern wurde die Außenfarbe der Taxen inzwischen freigegeben, das heißt, jeder Taxifahrer kann mit der Farbe rumfahren, die er persönlich am schönsten findet. Die meisten bleiben aber bei Beige – pardon, Hellelfenbein –, weil das einfach ein wichtiges Taxi-Markenzeichen ist.

Warum sind Taxis in den USA meistens gelb?

In den USA sind die »cabs« überwiegend gelb, und schuld daran ist ein Mann namens John Hertz. Der war Autoverkäufer in Chicago und ein sehr cleverer Geschäftsmann. Er erkannte Anfang des 20. Jahrhunderts, dass nicht nur reiche Leute in den Genuss von Chauffeurdiensten kommen wollen. Also schaffte er sich Autos an, mit denen er dann Leute gegen einen geringen Fahrpreis von A nach B bringen ließ. Da er eine Studie der Universität Chicago gelesen hatte, die besagte, dass Gelb die Farbe mit der größten Signalwirkung sei, lackierte er alle seine Taxis gelb, und tatsächlich wurden die »cabs« damit schnell erkannt und immer beliebter. Innerhalb kürzester Zeit konnte er sein Erfolgsmodell als Lizenzgeschäft auf die gesamten Vereinigten Staaten ausweiten. Irgendwann reichte ihm seine »Yellow Cab Company« nicht mehr, und er gründete auch noch die Hertz-Autovermietung.

Warum sind die Farben der Deutschlandfahne Schwarz, Rot und Gold?

In den Befreiungskriegen der preußischen Armee gegen Napoleon (1813/1814) gab es eine Einheit, die sich »Lützow'sches Freikorps« nannte. Da die Soldaten unter Major Ludwig Adolf Wilhelm von Lützow aus allen Teilen Deutschlands stammten und alle unterschiedliche Kleidung trugen, wurden die Sachen schwarz eingefärbt, um eine einheitliche Uniform herzustellen. Dazu gab es rote Aufschläge an den Jacken und messingfarbene (= »goldene«) Knöpfe. Diese drei Farben wurden zum Sinnbild für den deutschen Einheitsgedanken und tauchten im Mai 1832 erstmalig auf einer Fahne auf, als beim Hambacher Fest (Ach, stimmt, war da nicht mal was im Geschichtsunterricht?) 30 000 Menschen für nationale und demokratische Ziele demonstrierten. 16 Jahre später, 1848, wurde in meiner Heimatstadt Frankfurt am Main die Deutsche Nationalversammlung gegründet, und die legte neben vielen anderen wichtigen Dingen die Gestaltung der Flagge mit den horizontalen Balken in Schwarz, Rot und Gold fest.

Warum wird es in der Wüste nachts sehr kalt?

Das ist doch eigentlich recht seltsam: Tagsüber herrschen in der Wüste brüllend heiße Temperaturen von bis zu 70 °C, und in der Nacht fällt das Thermometer dann runter auf Werte um die 10 °C, im Winter werden in der Sahara nachts sogar Minustemperaturen gemessen! Der gewaltige Temperaturunterschied wird vor allem durch die extreme Trockenheit der Wüste erzeugt. Wo es kein Wasser gibt, gibt es auch kaum Wolken, und wo keine schützende Wolkendecke ist, kann die Hitze nachts ungehindert nach oben abstrahlen. Dazu kommt noch, dass der Wüstenboden Wärme nicht gut speichern kann und sie sich deshalb auch schnell wieder verflüchtigt, wenn die Sonne untergegangen ist und es keinen Hitze-»Nachschub« mehr gibt. Aufgrund dessen heißt es auch in der Wüste nachts: »Zieh dich warm an!«

Warum hat das Logo der Automarke BMW blauweiße Karos?

Vor knapp 100 Jahren – 1916 – wurden die Bayerischen Flugzeugwerke gegründet, eine Firma, die sechs Jahre später in der Bayerischen Motoren Werke GmbH, kurz BMW, aufgehen sollte. Angeblich, so steht es in einer Werkszeitschrift von 1942, hatte ein Techniker bei seiner Arbeit auf dem Flugplatz eine Vision, als er den rotierenden Propeller sah. Und jetzt muss ich mal kurz ein paar Zeilen aus dem besagten Artikel zitieren, weil der so schön schwülstig geschrieben ist, dass ich Ihnen das einfach nicht vorenthalten kann: »Wie ein strahlender Glorienschein umgibt die glänzende Scheibe der laufenden Luftschraube das Schattenbild des Motors (…) und teilt sich in zwei silberne Kegel, das Sonnenlicht zurückstrahlend. Zwischen ihnen schimmert leuchtend das Blau des Himmels durch, so dass die gleißende Fläche der laufenden Luftschraube sich dem sinnenden Techniker in vier silbernen und blauen Feldern zeigt. (…) Dieser Eindruck fesselt ihn immer mehr (…), bis dieses Bild in einer Skizze bleibende Gestalt annimmt und das Firmenzeichen seine Geburt erlebt.«[19] Soweit der sogenannte Propeller-Mythos, der vom Unternehmen sehr kultiviert wurde. Klingt ja auch sehr poetisch. Höchstwahrscheinlich ist aber wenig dran an dieser Geschichte, denn der erste erprobungsfähige Flugzeugmotor wurde 1918 gebaut, da gab es das besagte Logo schon ein gutes halbes Jahr. Eher hat man sich wohl an dem Logo der BMW-Vorgängerfirma Rapp Motorenwerke GmbH orientiert. Das zeigte einen Kreis mit einem schwarzen Ring, in dem innen eine Springer-Schachfigur, also ein stilisierter Rappe, zu sehen war. Der Rappe wurde durch einen viergeteilten Kreis in den bayerischen Landesfarben ersetzt. Privaten Unternehmen war allerdings der Gebrauch von Hoheitszeichen des Staates gesetzlich verboten, deshalb vertauschte man die Reihenfolge der Farben: Statt der weißblauen Landesfarben waren die Unternehmensfarben blauweiß.

Warum enden viele Berlin-Brandenburger Ortsnamen auf die Buchstaben »-ow«?

Nicht nur in dieser Region, auch in Mecklenburg-Vorpommern, im Osten Sachsen-Anhalts und im Wendland enden viele Ortsnamen auf »-ow«, aber auch auf »-in«, »-au« oder »-itz«, was den Slawen zu verdanken ist. Das Land östlich der Elbe wurde vom späten siebten Jahrhundert bis zum 13. Jahrhundert von slawischen Stämmen besiedelt, die die Ortsnamengebung entscheidend geprägt haben, zum Beispiel, indem die Namen typisch slawisch auf »-ow« endeten. 1157 ging die slawische Zeit mit der Gründung der Mark Brandenburg durch den Askanier Albrecht der Bär zu Ende. Die neuen Siedler übernahmen die slawischen Ortsnamen, genauso wie die Siedler in den USA häufig indianische Ortsbezeichnungen beibehielten.

Warum haben in Grönland so viele Menschen deutsche Nachnamen?

Zugegeben, das ist eine Frage, die ich mir selbst bislang noch nicht gestellt hatte, einfach, weil ich das gar nicht wusste. Aber ich habe darüber gelesen, fand die Geschichte spannend und dachte mir, dass das bestimmt auch andere interessiert. Mitte des 18. Jahrhunderts gingen viele deutsche Theologen nach Grönland, um die Einwohner dort zu missionieren. Häufig heirateten diese Männer Inuit-Frauen und/oder adoptierten Inuit-Waisen. Dadurch setzten sich Namen wie Fleischer, Kleist und Kreutzmann immer mehr durch. Außer ihren Vorfahren haben die Grönländer mit deutschem Nachnamen heute meist keinen Bezug mehr zu Deutschland. Schade eigentlich.

Warum sagt man auf Englisch zum Frühstück »breakfast« – also »bruchschnell«?

Das englische Wort »breakfast« hat nichts mit »fast« = »schnell« zu tun, »to fast« bedeutet »fasten«. Somit meint die Bezeichnung, dass man mit dieser Mahlzeit das nächtliche Fasten bricht.

Übrigens: Bis vor etwa 500 Jahren sagte man im mittelhochdeutschen Raum zum Frühstück noch »Morgenbrot«, dann setzte sich immer mehr das Wort »Frühstück« durch. Im Prinzip ist dieser Begriff nichts weiter als eine Kurzform von »das in der Früh gegessene Stück Brot«.

Warum nannte man die Engländer bis nach dem Zweiten Weltkrieg »Tommys«?

Wenn Sie in Deutschland einen Musterbogen für einen Antrag oder einen Vertrag vorgelegt bekommen, steht da, wo man später auf dem richtigen Formular unterschreiben soll, meist der Name »Max Mustermann«. So einen fiktiven Namen gab es auch im England des frühen 19. Jahrhunderts, und zwar auf den Musterbögen für die Aufnahme in die britische Armee. Dort, wo die zukünftigen Soldaten ihre Unterschrift hinsetzen sollten, stand der Fantasiename »Thomas Atkins«. Aus dem »Thomas« wurde in Großbritannien umgangssprachlich der Spitzname »Tommy« für alle Soldaten des Heeres, der Marine und der Luftwaffe, und dieser wurde dann auch bei uns mehr als 100 Jahre lang gebraucht.

SILVESTER

Ich staune jedes Jahr über das Bohei, das um den letzten Tag des Jahres gemacht wird. Mit wem feierst du? Was werdet ihr essen? Und was ziehst du an? Was für ein Druck da aufgebaut wird! Das muss die Party des Jahres sein, und alle müssen sich total amüsieren, andernfalls ist das neue Jahr eigentlich schon gelaufen. Und dann gehören neben der ultimativen Party und dem Glamour-Outfit noch viel mehr zwingend notwendige Dinge zu Silvester, die an diesem Abend eigentlich unbedingt beachtet werden sollten, damit das neue Jahr gut startet. Bei uns zählt dazu das Bleigießen, in Italien ist es die rote Unterwäsche und in Spanien braucht man Weintrauben. Was es mit diesen Bräuchen auf sich hat und woher sie stammen, habe ich hier für Sie zusammengefasst.

Warum wünscht man sich einen »guten Rutsch«?

Ist doch klar, werden Sie jetzt sagen, man wünscht sich eben, womöglich trotz oder gerade wegen des zu Silvester oft vorhandenen Glatteises, gut ins neue Jahr zu gleiten. Nee, stimmt nicht! »Rutsch« geht in dem Fall auf das jiddische Wort »Rosch« zurück, was Kopf oder Anfang heißt. Deshalb heißt das jüdische Neujahrsfest ja auch »Rosch ha-Schana«. Wenn man sich nun also einen guten Rutsch wünscht, wünscht man sich einen guten Anfang. Logischerweise einen guten Anfang des neuen Jahres.

Warum heißt der letzte Tag im Jahr eigentlich »Silvester«?

Namenspatron ist Papst Silvester I. Während seines Pontifikats fand – auf Initiative Konstantins des Großen – der grundlegende Friedensschluss zwischen dem Römischen Reich und dem Christentum statt. Außerdem soll der Papst den Kaiser vom Aussatz geheilt und ihn getauft haben. Nur leider hat der ruhmreiche Silvester die besondere Ehre seines Namenstages nicht mehr miterlebt. Er starb am 31. Dezember 335, und erst im Jahr 1582 – also 1247 Jahre später – wurde der letzte Tag des Jahres nach ihm benannt. Und wenn Sie gerade gut aufgepasst haben, wissen Sie auch schon den Grund, warum dieser Tag ausgerechnet nach diesem Papst benannt wurde, es war sein Todestag. Der genaue Anlass für die spezielle Benennung des 31. Dezember war die Gregorianische Kalenderreform. Die war, wie gesagt, 1582, und damals wurde festgelegt, dass der letzte Tag des Jahres nicht mehr der 24., sondern ab sofort der 31. Dezember sein sollte.

Warum gießt man an Silvester Blei, und wer hat das erfunden?

Das »Warum« können Sie sich sicherlich fast denken: Man möchte einfach wissen, was einen im kommenden Jahr erwartet, und diese gegossenen Bleigebilde sollen einen Hinweis darauf geben. So verspricht ein Frosch angeblich einen Lottogewinn, ein Mond steht für eine hohe Auszeichnung, und ein Stern bedeutet, dass man sich verlieben wird. Erfunden haben diesen Brauch sehr wahrscheinlich die alten Römer, denn sie haben als erstes Volk in größerem Maßstab die Bleiverhüttung betrieben. Außerdem waren Sie ebenfalls große Fans von Orakeln und versuchten auf Schritt und Tritt, ihre Zukunft vorherzusehen.

Übrigens: Da Blei mit 327,4 °C einen extrem hohen Schmelzpunkt hat, kann es schwere Brandwunden verursachen, wenn es aus Versehen auf die Haut spritzt. Deshalb sollte man – vor allem wenn Kinder dabei sind – lieber Wachs schmelzen und anschließend in kaltes Wasser gießen. Das ist deutlich ungefährlicher, macht aber genauso viel Spaß. Und wenn Sie es noch ungefährlicher wünschen, greifen Sie auf einen noch viel älteren Brauch zurück: Man nehme einen Apfel, schneide ihn in der Mitte durch und schaue sich das Kerngehäuse an. Wenn die Kerne ein Kreuz bilden, droht angeblich Unheil, wenn sie in Sternform stehen, wird Ihnen das Glück hold sein.

Warum halten Neujahrsvorsätze nie lange?

Psychologen haben drei gute Gründe gefunden, warum die an Silvester gefassten guten Vorsätze oft schon in der ersten Januarwoche wieder über Bord geworfen werden. Erstens werden die meisten Vorsätze zu schwammig formuliert. Man soll nicht sagen: »Ich werde mehr Sport machen«, sondern klar formulieren: »Ich werde jeden Montag und Donnerstag 30 Minuten joggen gehen!« Zweitens nimmt man sich meist zu viel vor. Der Entschluss, »nie wieder Süßigkeiten zu essen«, ist beispielsweise völlig unrealistisch und somit nicht durchzuhalten. Lieber sollte man sich vornehmen, ab sofort eine Liste zu führen mit allen Süßigkeiten, die man tagsüber so isst. Damit führt man sich vor Augen, wie viel man nascht, und das hilft oft automatisch, den Konsum einzuschränken. Und drittens muss man wirklich fest dazu entschlossen sein, etwas zu ändern. Wenn man einfach nur gute Vorsätze fasst, weil man das an Silvester so macht, kann man sich das eigentlich komplett sparen.

Damit Sie Ihre Vorsätze auch allesamt in die Tat umsetzen können, hier noch ein paar Tipps und Tricks: Erzählen Sie Ihrem Partner, Ihren Kindern oder Ihrer besten Freundin von Ihrem Vorhaben und bitten Sie sie um Unterstützung. Überlegen Sie schon vorher, welche Hürden auf Ihrem Weg auftauchen können und wie Sie damit umgehen wollen. Also beispielsweise was Sie tun, wenn Ihre rauchenden Kollegen Sie zum Mitquarzen animieren wollen, obwohl Sie doch vorhatten, damit aufzuhören. Lassen Sie sich von Rückschlägen nicht gleich aus der Bahn werfen. Und, auch ganz wichtig: Belohnen Sie sich für Erfolgserlebnisse. Wenn Sie eine Woche ohne Zigaretten geschafft haben, investieren Sie das gesparte Geld zum Beispiel in eine entspannende Massage!

Warum ist der Neujahrstag eigentlich ein Feiertag?

Ursprünglich waren mit der Feier des Neujahrstags religiöse Motive verbunden, heutzutage ist er aber einer der wenigen rein weltlichen Feiertage des Jahres. Zum einen »schenkt« man den Leuten diesen freien Tag, damit sie sich positiv auf das neue Jahr einstimmen können. Man möchte sozusagen das neue Jahr im Voraus feiern, in der Hoffnung, dass es gut verlaufen möge. Der zweite Grund hat meiner Meinung nach aber deutlich mehr Gewicht: Da die meisten Menschen an Silvester sehr lange aufbleiben und feiern, wobei nicht selten ordentlich Alkohol getrunken wird, geht man davon aus, dass am Neujahrstag der größte Teil der Bevölkerung sowieso nicht fit wäre und im Zweifelsfall »blaumachen« würde. Somit kann man auch gleich allen freigeben. Wobei »allen« gar nicht stimmt, man denke nur an die unzähligen Krankenschwestern, Notärzte, Polizisten, Feuerwehrleute oder auch Radiomoderatoren, die am 1. Januar fleißig für andere im Dienst sind!

**Warum soll man am Neujahrstag
nach altem Brauch kein Geflügel essen?**

Das ist ein alter Aberglaube. Man ging davon aus, dass demjenigen, der am 1. Januar Huhn, Ente, Gans oder ein anderes Geflügel isst, das Glück im neuen Jahr davonfliegen wird. Wer auf diese Idee gekommen ist, kann ich Ihnen aber leider nicht sagen, darüber gibt es keine Aufzeichnungen, zumindest habe ich keine gefunden. Und auch keine Begründung dafür, warum man wiederum nach dem Genuss von Schweinefleisch Glück haben soll. Oder warum Sauerkraut dafür sorgt, dass einem das Geld nicht ausgeht. Auch Linsen- und Erbsensuppe soll im neuen Jahr für volle Kassen sorgen. Wo wir schon dabei sind: Wenn Sie alles richtig machen wollen, sollten Sie über Neujahr keine weiße Damenunterwäsche auf die Leine hängen, das lockt nämlich angeblich die Wilden Jäger des Wotan an. Und man sollte im Kreis der Familie feiern. Denn der gilt als magisch und für alle Dämonen als undurchdringlich! Es soll aber Leute geben, denen Dämonen deutlich sympathischer wären als die eigene Mischpoke …

Warum kaufen die Spanier kurz vor Silvester alle Weintrauben?

Sollten Sie irgendwann mal Silvester in Spanien feiern, werden Sie in den dortigen Supermärkten in der letzten Dezemberwoche Trauben im Zwölferpack angeboten bekommen. Entweder Sie schlagen gleich zu, was Sie als preisbewusster Mensch tun sollten, oder Sie kaufen direkt am Silvesterabend einem fliegenden Händler ein kleines Tütchen mit zwölf abgezählten Trauben ab, was dann eine teure Angelegenheit werden dürfte. So oder so sollte man in Spanien am Silvesterabend aber mit Weintrauben ausgestattet sein, denn es gibt folgenden landestypischen Brauch: Wenn man um Mitternacht bei jedem Glockenschlag eine Weintraube verspeist, darf man sich etwas fürs neue Jahr wünschen, das dann angeblich auch ganz bestimmt in Erfüllung geht. Ob dieser Brauch auch hier bei uns in Deutschland funktioniert, weiß ich leider nicht. Sie können es aber gerne mal ausprobieren und mir dann in einem Jahr das Ergebnis mitteilen.

Warum werfen Chinesinnen an Silvester gerne mal Mandarinen ins Meer?

Um genau zu sein, werfen nicht alle Chinesinnen am Silvesterabend die besagten Früchte ins Meer, nur die unverheirateten. Somit können Sie sich bestimmt schon denken, was damit bezweckt werden soll. Die Damen, die diesen Brauch zelebrieren, erhoffen sich im neuen Jahr das große Liebesglück. Woher dieser Brauch kommt, ist leider nicht bekannt, genauso wenig wie die Erfolgsquote …

Übrigens feiern die Chinesen den 31. Dezember eher ruhig mit einem gemütlichen Abendessen im Kreis der Familie oder mit Freunden. Richtig krachen lassen sie es am Chinesischen Neujahrsfest, das nach dem traditionellen Mondkalender gefeiert wird und immer zwischen Mitte Januar und Mitte Februar unserer westlichen Zeitrechnung stattfindet. Die meisten nehmen dann eine Woche Urlaub, reisen in ihr Heimatdorf und feiern dort eine große Party mit Böllern, Feuerwerk und allem Drum und Dran.

Warum isst man in vielen Ländern an Silvester Linsen?

Bei uns ist dieser Brauch nicht ganz so verbreitet, viele Deutsche essen am letzten Tag des Jahres traditionell eher Raclette oder Fondue. In Italien, Tschechien und den USA – vor allem im Süden der Vereinigten Staaten – steht aber meist Linsensuppe oder ein Gericht mit Linsen als Beilage auf dem Speiseplan. Das liegt am Aussehen der Linsen. Mit etwas Fantasie kann man sie mit Münzen vergleichen, und daraus folgt der Aberglaube, dass derjenige, der am 31. Dezember Linsen isst, im kommenden Jahr mit viel Geld gesegnet sein wird.

Warum tragen Italiener in der Silvesternacht rote Unterwäsche?

Jawohl, die Rede ist von Italienern, und damit sind alle gemeint, Männlein wie Weiblein. Und es ist völlig unerheblich, ob Feinripp oder Spitze bevorzugt wird. Rot ist die Farbe, die am letzten Tag des Jahres »drunter« getragen wird. Wer nichts Passendes im Schrank hat, kann sich auf den letzten Metern noch eindecken, sämtliche italienischen Kaufhäuser, die Dessous anbieten, dekorieren in der Woche nach Weihnachten ihre Schaufenster mit roten Slips, BHs und Boxershorts. Ja, und nun endlich mal zum »Warum«: Die Italiener machen das, weil sie sich davon Glück, genauer gesagt Liebesglück, im kommenden Jahr versprechen. Ich hab versucht herauszufinden, woher dieser Brauch kommt, habe aber leider keine eindeutige Antwort dazu gefunden. Es gibt unter anderem die Theorie, dass dieser Brauch aus China nach Italien geschwappt sei, wo Rot die Farbe des Glücks ist. Andere meinen, dass er darauf zurückgeht, dass es vor vielen hundert Jahren verboten war, rote Kleidungsstücke zu tragen – diese Farbe war den Herrschern vorbehalten –, und deshalb habe man sie heimlich »unten drunter« getragen. Das wiederum kann ich mir ehrlich gesagt nur schwer vorstellen: Soweit ich weiß, hat man vor einigen hundert Jahren noch gar keine Unterwäsche getragen, aber wer weiß … Ich war ja nicht dabei.

Warum darf man auf hoher See nicht Silvester feiern wie alle anderen auch?

Während Sie in der Silvesternacht wahrscheinlich auch den einen oder anderen Böller knallen und Raketen steigen lassen oder sich zumindest das Feuerwerk anschauen, das andere zünden, geht es auf den Weltmeeren vergleichsweise beschaulich zu. Auf Schiffen sind Feuerwerke nämlich absolut tabu, weil sie leicht mit den SOS-Leuchtraketen verwechselt werden könnten, die im Notfall abgeschossen werden. Dafür tuten überall die Nebelhörner! So wird das neue Jahr akustisch willkommen geheißen, und die Seeleute wünschen ihren Kollegen auf den Schiffen in der näheren Umgebung alles Gute!

KURIOSES

Im Laufe dieses Buches haben Sie mein halbes Leben kennengelernt. Sie wissen jetzt, dass ich gerne koche, einen Weihnachtsfimmel habe, am 29. Februar geboren wurde und schon mit vier Jahren beschlossen habe, eines Tages Moderatorin zu werden. Und jetzt verrate ich Ihnen noch was: Ich kann abends nicht einschlafen, wenn ich nicht mindestens noch eine Viertelstunde gelesen habe. Ob nun in einem der Bücher, die sich neben meinem Bett in schwindelerregender Höhe stapeln, meiner Lieblingszeitschrift, der Nachrichten-App auf meinem Handy oder in der Zeitung, die ich morgens nur querlesen konnte. Lesen ist bei mir Berufskrankheit und Leidenschaft in einem. Und wenn man viel liest, findet man manchmal auch Dinge, die sind so kurios, dass man sie kaum glauben kann. Wie zum Beispiel die Sache mit den rosa Waschmaschinen in China …

Warum soll es Unglück bringen, wenn man unter einer Leiter durchgeht?

Na, weil von oben Ziegelsteine, ein Hammer, Farbtöpfe oder anderes Handwerkszeug runterfallen könnten, werden Sie jetzt vielleicht denken. Damit hat dieser Aberglaube aber nichts zu tun. Tatsächlich soll er auf vorchristliche Zeiten zurückgehen. Die Zahl Drei galt damals als heilig, und eine angelehnte Leiter bildet zusammen mit der Wand, an der sie lehnt, und dem Boden, auf dem sie steht – richtig, ein Dreieck. Wenn man nun unter der Leiter durchgegangen wäre, hätte man (nach dem damaligen Glauben) einen heiligen Raum verletzt und wäre bösen Geistern und Dämonen schutzlos ausgeliefert gewesen. Die ersten Christen haben diesen Aberglauben dann auf ihre Weise übernommen. Da zur Kreuzigung Christi angeblich eine Leiter benutzt wurde, glaubte man, Leitern an sich würden grundsätzlich im Zusammenhang mit Hölle, Tod und Teufel stehen.

Warum haben Adelige angeblich blaues Blut?

Adelige hat man früher an ihrer sprichwörtlichen »vornehmen Blässe« erkannt. Sie mussten nicht wie das gemeine Volk auf den Feldern arbeiten und wurden somit auch nicht von der Sonne gebräunt. Durch die sehr helle Haut konnte man die Venen und Adern aber deutlich besser durchscheinen sehen, und da sie bläulich schimmern, dachte man, in den Adern von Adeligen würde eben blaues Blut fließen.

Warum wird das Radio lauter, wenn man die Antenne berührt?

Dieses Phänomen haben Sie bestimmt auch schon mal erlebt. Der Empfang ist nicht optimal, das Zimmerradio »krisselt« und rauscht mehr, als dass es Ihren Lieblingssender spielt. Wenn Sie dann hingehen, um die Antenne ein bisschen zu verstellen und neu auszurichten, ist der Empfang auf einmal viel besser und auch deutlich lauter als vorher. Aber gerade, wenn Sie loslassen, wird es gleich wieder deutlich schlechter. Das liegt daran, dass Sie in dem Moment, in dem Sie die Antenne berühren, quasi selbst zur Antenne werden. Um genau zu sein, verlängern Sie sie um Ihre Körpergröße. Und da der menschliche Körper zu einem Großteil aus Wasser besteht, in dem sich ein hoher Anteil Ionen befindet, werden Sie zu einem leitenden Medium für die Radiowellen.

Warum verschwinden in der Waschmaschine so oft Socken, und vor allem: wohin?

Ein absolut ernst zu nehmendes Problem, immerhin wurde darüber bereits eine wissenschaftliche Arbeit verfasst! Boris Grunwald, 2004 noch Student aus Münster, hat unter dem Titel »Mythos Socke« eine 72-seitige Diplomarbeit geschrieben und kommt darin zu dem – wie ich finde – sehr unwissenschaftlich klingenden Schluss, dass einige der Socken wohl von Aliens verschleppt werden. Ah ja?! Deutlich einleuchtender klingt da die Begründung eines großen Waschmaschinenherstellers (AEG): »Durch die Schleuderbewegung entsteht vor dem Bullauge zwischen der Trommel und dem Gehäuse der Waschmaschine ein Spalt, durch den gelegentlich Wäschestücke rutschen. Diese landen dann im Bottich unter der Trommel und können durch den Abwasserschlauch aus der Maschine gesaugt werden.«[20] Davon betroffen sind übrigens nicht nur Strümpfe, sondern auch andere Kleinteile wie zum Beispiel Babyklamotten oder Unterhosen. Bei solchen Einzelstücken fällt uns das aber nicht so auf, als wenn eine von zwei Socken verschwindet.

Warum miefen manche Klamotten nach dem Waschen trotzdem noch?

Ärgerlicherweise passiert das meistens beim Lieblings-T-Shirt! Kaum hat man es angezogen, riecht es auch schon wieder unschön nach Schweiß. Wobei Schweiß selbst eigentlich gar nicht großartig riecht. Der typische Geruch entsteht erst, wenn Bakterien den Schweiß zersetzen. Wenn dieses verschwitzte T-Shirt nun bei 30 oder 40 °C gewaschen wird, kann es passieren, dass die besagten Bakterien nicht ausgespült oder abgetötet werden, sondern sich bei diesen körperwarmen Temperaturen sogar noch vermehren! Und wenn man das T-Shirt dann frisch gewaschen anzieht, fängt es gleich wieder an zu miefen. Um diesen Teufelskreis zu beenden, muss man das Kleidungsstück eine Stufe heißer waschen und am besten Desinfektionsmittel oder Bleichmittel zur Wäsche geben. Dass Bleichmittel normalerweise in Vollwaschpulver schon enthalten ist, ist auch der Grund, warum weiße T-Shirts weniger oft müffeln als dunkle Sachen, die mit Fein- oder Color-Waschmittel gewaschen wurden.

Warum leuchten selbstklebende Umschläge beim Öffnen?

Das haben Sie vielleicht auch schon mal erlebt: Sie fischen die Post aus dem Briefkasten, meist ja leider Rechnungen, ziehen die gummierten Flächen auseinander, und dabei ist ganz kurz ein violettes Leuchten zu sehen. Diese Erscheinung nennt man Chemolumineszenz. Wenn die Anziehungskräfte zwischen den Klebstoffmolekülen aufgebrochen werden, wird Energie in Form von Licht freigesetzt. Sieht irgendwie ulkig aus und ist nebenbei bemerkt vollkommen harmlos.

Warum sind Taschentücher eigentlich immer quadratisch?

Dass sowohl Papier- als auch Stofftaschentücher heutzutage alle quadratisch sind, verdanken wir Ludwig XVI. beziehungsweise seiner Frau Marie Antoinette. Diese hatte sich über »das ausufernde Chaos« aufgeregt, das zu ihren Lebzeiten in Sachen Taschentuchmaße herrschte. Damals waren die Accessoires nämlich mal rund, mal dreieckig und gerne auch mehreckig. Ludwig XVI. erließ daraufhin am 2. Juni 1785 eine Verordnung, die besagte, dass in seinem Reich alle Taschentücher ebenso lang wie breit zu sein hätten. Diese Norm ist bis heute erhalten geblieben, obwohl beide, Ludwig und seine Marie Antoinette, ziemlich kläglich auf dem Schafott endeten.

Warum sind Waschmaschinen in China rosa?

Ich konnte es erst auch nicht glauben, als ich es gelesen habe, aber unterschiedliche Quellen haben es bestätigt: In China sind weiße Waschmaschinen der absolute Ladenhüter. Das liegt daran, dass Weiß in China die Farbe der Trauer ist. Und da Waschmaschinen ein beliebtes Hochzeitsgeschenk sind, kauft man sie in der Regel in Rosa, meist sogar noch mit roten Herzchen drauf.

Warum hat Malta viele unzuverlässige Turmuhren?

Auf Malta soll es 365 katholische Kirchen geben. Deshalb sagen die Malteser auch, sie hätten eine Kirche für jeden Tag im Jahr. Höchstwahrscheinlich handelt es sich dabei aber nur um eine symbolische Zahl. Fakt ist, dass es dort a) extrem viele Kirchen gibt und b) die Turmuhren dieser Kirchen häufig nur aufgemalt sind oder falsch gehen. Nach dem maltesischen Volksglauben verwirrt man mit den verschiedenen Zeitangaben den Teufel, sodass er nicht während des Gottesdienstes die Gläubigen belästigen kann.

Warum fliegt man in Deutschland immer eine Stunde?

In der Tat ist es so, dass innerdeutsche Flugzeiten fast immer mit einer Stunde oder mehr angegeben werden, niemals aber mit einer geringeren Zeitspanne. Eine befreundete Luftverkehrskauffrau begründet das so: Erstens würden sich Flüge auf kürzeren Strecken nicht lohnen. Köln–Frankfurt beispielsweise würde mit dem Flieger 20 Minuten dauern, das macht aber keine Airline, weil der Check-in, die Sicherheitskontrolle, das

Boarding usw. schon viel länger dauern würden und der Kerosinverbrauch unverhältnismäßig hoch wäre. Das meiste Kerosin wird beim Start und Steigflug verbraucht, und sobald man oben wäre, müsste man schon wieder runter. Das ergibt keinen Sinn, wenn man die Strecke mit der Bahn in einer Stunde schaffen kann. Zweitens: Selbst wenn der Flug weniger als eine Stunde – beispielsweise 45 Minuten – dauert, wird die Flugzeit mit mindestens einer Stunde angegeben, weil der Kunde, wenn man aus irgendeinem Grund leicht verspätet abfliegen muss, dann immer noch pünktlich ankommt. Und sollte man tatsächlich nur 45 Minuten fliegen und dementsprechend eine Viertelstunde früher ankommen als angegeben, wäre keiner böse, sondern alle würden sich freuen, weil sie früher da sind als geplant. Abschließend habe ich noch gelernt: Auf solch kurzen Strecken kann man Verspätungen unterwegs nicht aufholen, deshalb wird generell gerne eine etwas längere Flugzeit angegeben. Bei Langstreckenflügen kann man selbst größere Verspätungen leicht dadurch aufholen, dass man etwas schneller und/oder etwas höher fliegt. Weiter oben ist die Luft dünner, dort wird weniger Kerosin verbraucht und man kann mit der gleichen Treibstoffmenge schneller ans Ziel kommen.

Warum gibt es in Deutschland einen Außenminister, aber kein Außenministerium?

Ministerien gibt es in Deutschland seit dem frühen 19. Jahrhundert, und zwar zuallererst die klassischen Ressorts Finanzen, auswärtige Angelegenheiten, Krieg, Inneres und Justiz, die aber nicht von Ministern, sondern von Staatssekretären geleitet wurden. Bei der Gründung des Deutschen Kaiserreichs am 18. Januar 1871 wurde bei der Neuordnung des Staatsapparats die Bezeichnung »Ministerium« im Resort »auswärtige Angelegenheiten« formal vermieden, weil alle Entscheidungskompetenzen hier beim Reichskanzleramt (unter der Führung Otto von Bismarcks) liegen sollten und man es nicht zu einem Machtgerangel kommen lassen wollte. Das »Ministerium für Auswärtige Angelegenheiten« wurde deshalb auch in »Auswärtiges Amt des Deutschen Reiches« umbenannt. Der Name »Auswärtiges Amt« wird aus Tradition weitergeführt, auch wenn es heute ein Bundesministerium wie die anderen auch ist.

Übrigens, falls Sie mal vorbeischauen wollen: Den ersten Dienstsitz des Außenministers finden Sie im Haus am Werderschen Markt 1 in Berlin-Mitte, der Zweitsitz befindet sich in der Adenauerallee in Bonn.

Warum friert man mit der Zunge an eiskaltem Metall fest?

Diese schmerzhafte Erfahrung haben Sie – wahrscheinlich als Kind – bestimmt auch schon mal gemacht: Im Winter, als es so richtig knackekalt war, ist irgendjemand auf die hirnrissige Idee gekommen, als Mutprobe eine gefrorene Metallstange abzuschlecken. Und das macht man nur genau ein Mal im Leben, weil man prompt festklebt und es äußerst schmerzhaft ist, wieder loszukommen. Schuld daran ist das Metall, das Wärme extrem gut (ab-)leitet. Die warme Spucke, die sich auf der Zunge befindet, wird dadurch vom eiskalten Metall innerhalb von Millisekunden so stark abgekühlt, dass sie gefriert, und zwar bis in die Poren der Zunge hinein! Somit klebt man am

Metall fest und kommt erst wieder los, wenn die Kontaktstelle erwärmt wird. Entweder von vielen Händen oder – noch besser – mit einer warmen Flüssigkeit!

Warum wird man so oft ganz kurz vor dem Weckerklingeln wach?

Es gibt sie tatsächlich, die sogenannte innere Uhr. Sie speichert ab, was wir täglich so tun: wann wir essen, beispielsweise, und eben auch, wann wir aufstehen. Und diese Uhr ist erstaunlich genau. Wissenschaftler haben herausgefunden, dass sie höchstens fünf Minuten vor oder nach geht. Deshalb werden wir häufig kurz vor dem Weckerklingeln wach, allerdings nur dann, wenn unsere innere Uhr die besagten fünf Minuten »vorgeht«. Geht sie dagegen fünf Minuten »nach«, kriegen wir den biologischen Wecker logischerweise nicht mit, weil dann schon vorher der tatsächliche geklingelt hat. Leider klappt das nicht bei Menschen, die im Schichtdienst arbeiten. Da es bei Schichtarbeitern keinen regelmäßigen Tag-Nacht-Rhythmus gibt, kann auch die innere Uhr nicht richtig funktionieren. Deshalb sollten sich Krankenschwestern, Polizisten, Feuerwehrleute und alle anderen Schichtarbeiter unbedingt immer einen »richtigen« Wecker stellen.

Warum trocknet Wäsche auch, wenn es draußen bitterkalt ist?

Eigentlich sollte man meinen, es bräuchte ordentlich Wärme, um nasse Sachen zu trocknen, dem ist aber nicht so. Wenn man frisch gewaschene Wäsche bei Minustemperaturen draußen auf die Leine hängt, gefriert die gespeicherte Nässe zunächst, die Klamotten werden bretthart. Nach einiger Zeit verschwindet dann das Eis, dafür ist die sogenannte Sublimation verantwortlich. Bei diesem physikalischen Vorgang geht das gefrorene Wasser direkt in den gasförmigen Zustand über. Je trockener die kalte Luft ist, desto eher nimmt sie die Feuchtigkeit aus der Wäsche auf. Und wenn dann auch noch ein anständiger Wind weht, geht das Ganze noch viel schneller.

ANHANG

Anregungen und Quellenangaben

Bücher

o. V.: *1000 Mal Warum,* Lünen 2005

o. V.: *Die 1000 interessantesten Kinderfragen.* München 2009

o. V.: *Das große Buch der 555 interessantesten Kinderfragen.* München 2003

o. V.: *Duden – Was jeder wissen muss. 100 000 Tatsachen der Allgemeinbildung.* Mannheim 2011

Auerbach, Isabelle: *Kriegen Eisbären eine Gänsehaut?* München 2005

Gaede, Peter-Matthias / Rehländer, Jens: *Wer pumpt die Luft in die Paprika,* Rheda-Wiedenbrück 2006

Harder, Bernd: *Warum die Waschmaschine Socken frisst …* München 2005

Harder, Bernd: *Warum machen Querstreifen dick?* München 2007

Thierbach, Dr. Dieter: *Warum gräbt der Maulwurf?* Berlin 2004

Yogeshwar, Ranga: *Ach so!* Köln 2010

Internetseiten

www.1000haushaltstipps.de

www.ard.de

www.berlin.de

www.bild.de

www.brain-channel.de

www.bz-berlin.de (»Das naive Lexikon«)

www.clever.de

www.cosmiq.de

www.cosmopolitan.de

www.die-roemer-online.de

www.erzbistum-koeln.de

www.etymologie.tantalosz.de (super Seite für Redewendungen)

www.focus.de

www.forumgesundheit.at

www.fragenohneantwort.de

www.frag-mutti.de

www.fudder.de

www.geo.de (»Die Frage des Tages«)

www.gesundheit.de

www.helles-koepfchen.de

www.kaffeeabc.de

www.kids-and-science.de

www.kids-science.de

www.kids.t-online.de

www.lehrerfreund.de

www.matheplanet.com

www.papierunion.de

www.planet-wissen.de

www.pm-magazin.de

www.prosieben.de/tv/galileo/

www.redensarten-index.de

www.rp-online.de

www.schule-und-familie.de

www.spiegel.de

www.stern.de

www.stuttgarter-zeitung.de

www.swr.de

www.swr3.de

www.sz-magazin.sueddeutsche.de

www.tagesspiegel.de

www.tiere-online.de

www.warum-kriegt-der-specht-keine-kopfschmerzen.de

www.wasistwas.de

www.wdr.de/tv/wissenmachtah

www.welt.de

www.weltderphysik.de

www.wie-wie.de

www.wikipedia.org

www.wiktionary.org

www.wissen.de

www.wissenschaft.de

www.yacht-club-eider.de

www.zeit.de (»Stimmt's?«)

Endnoten

1) S. 34 www.pm-magazin.de

2) S. 34 www.suite101.de, Text von Michael Voigt

3) S. 42 Vgl. http://content.stuttgarter-zeitung.de/stz/page/
   1870843_0_9223_-mythen-rund-ums-essen-4-nach-steinobst-
   kein-wasser-trinken.html

4) S. 53 http://www.koch-welten.de/KaeseschliesstdenMagen.
   htm; http://www.wortbedeutung.info/K%C3%A4se/

5) S. 59 Auf www.huehner-info.de

6) S. 61 https://www.landwirtschaft-bw.info/servlet/PB/menu/
   1040897_l1/index.html

7) S. 62 Vgl. www.lgl.bayern.de/gesundheit/arzneimittel/verbrauche rinformationen/arzneimittel_saeuglings_tees_zubereitung.htm

8) S. 62 http://www.buenting-tee.de/tee-kunde/teezubereitung/wichtige-hinweise-zum-tee-aufguss.html

9) S. 87 Johann Wolfgang von Goethe: *Faust. Eine Tragödie. Erster Teil,* Nacht. Straße vor Gretchens Türe, Vers 3631–3633

10) S. 97 http://gutenberg.spiegel.de/buch/3659/4

11) S. 98 http://www.waltroper-zeitung.de/ratgeber/onkelmax/Woher-kommt-Nuckelpinne;art1183,653993, http://www.sprachnudel.de/woerterbuch/nuckelpinne

12) S. 104 http://www.gutzitiert.de/zitat_autor_johann_wolfgang_von_goethe_thema_tiere_zitat_20070.html

13) S.129 http://www.lehrerfreund.de/in/schule/1s/kreide-quietschen/2857/

14) S. 130 www.staedtler.de

15) S. 138 http://www.spektrum.de/alias/was-verdankt-die-raumfahrt-dem-stummfilm-die-frau-im-mond-1929-von-fritz-lang/636420

16) S. 141 www.wissen.de

17) S. 186 http://gesundheit.germanblogs.de/archive/2011/10/13/wieso-niest-man-und-was-passiert-beim-niesen.htm

18) S. 189 http://www.gutefrage.net/frage/warum-wird-weihnachten-in-amerika-am-25-dezember-gefeiert

19) S. 206 http://www.markenlexikon.com/d_texte/triebel_bmw_logo.pdf

20) S. 222 http://wwww.diegrenzgaenger.lu/index.php?p=forum&f_a=disc&f_id=5924, http://www.netzwelt.de/news/74937-link-wink-single-socks-phaenomen-andere-geheimnisse.html

REGISTER

Humorvolle Blicke
auf die heimische Flora

Welche Blume ist grob gestrickt? Natürlich die Stulpe! Und welche Pflanze trägt zur Erosion der Bergwelt bei? Ganz klar, das Alpenfeilchen. In diesem humorvollen Geschenkbuch zeigt uns Gabriele Volkmann eine Pflanzenwelt, wie wir sie so noch nie gesehen haben.

128 Seiten
durchgehend vierfarbig
ISBN 978-3-442-17313-6

www.goldmann-verlag.de
www.facebook.com/goldmannverlag

GOLDMANN
Lesen erleben

Um die ganze Welt des
GOLDMANN Verlages
kennenzulernen, besuchen Sie uns doch
im Internet unter:

www.goldmann-verlag.de

Dort können Sie
nach weiteren interessanten Büchern *stöbern*,
Näheres über unsere *Autoren* erfahren,
in *Leseproben* blättern, alle *Termine* zu Lesungen und
Events finden und den *Newsletter* mit interessanten
Neuigkeiten, Gewinnspielen etc. abonnieren.

Ein *Gesamtverzeichnis* aller Goldmann Bücher finden
Sie dort ebenfalls.

Sehen Sie sich auch unsere *Videos* auf YouTube an und
werden Sie ein *Facebook*-Fan des Goldmann Verlags!

www.goldmann-verlag.de
www.facebook.com/goldmannverlag